# No morimos nunca

Matt Fraser

# No morimos nunca

*Los secretos del más allá*

EDICIONES OBELISCO

Si este libro le ha interesado y desea que le mantengamos informado de nuestras publicaciones, escríbanos indicándonos qué temas son de su interés (Astrología, Autoayuda, Ciencias Ocultas, Artes Marciales, Naturismo, Espiritualidad, Tradición…) y gustosamente le complaceremos.

Puede consultar nuestro catálogo en www.edicionesobelisco.com

**Colección Espiritualidad y Vida interior**
No morimos nunca
*Matt Fraser*

1.ª edición: septiembre de 2023

Título original: *We Never Die. Secrets of the Afterlife.*

Traducción: *Jordi Font*
Corrección: *Sara Moreno*
Diseño de cubierta: *Enrique Iborra*

© 2022, Matt Fraser
Publicado por acuerdo con el editor original, Gallery Books,
una división de Simon & Schuster, Inc.
(Reservados todos los derechos)
© 2023, Ediciones Obelisco, S. L.
(Reservados los derechos para la presente edición)

Edita: Ediciones Obelisco, S. L.
Collita, 23-25. Pol. Ind. Molí de la Bastida
08191 Rubí - Barcelona - España
Tel. 93 309 85 25
E-mail: info@edicionesobelisco.com

ISBN: 978-84-1172-051-9
DL B 13274-2023

Impreso en los talleres gráficos de Romanyà/Valls S. A.
Verdaguer, 1 - 08786 Capellades - Barcelona

*Printed in Spain*

Este libro está dedicado a todos aquellos que se encuentran de luto por la pérdida de un ser querido. Espero que lo que leas te ayude a sentirte más cerca de los que amas en espíritu.

# PREFACIO

## Por Alexa Fraser

¿Qué pasa cuando mueres? La respuesta a esa pregunta era algo insondable para mí hace unos seis años, y la pregunta no era algo para lo que deseara siquiera tener una respuesta. Sólo pensar en la muerte hacía que la cabeza me diera vueltas y el estómago se me revolviera; no podía ver películas, leer libros ni participar en conversaciones sobre el tema.

La muerte tampoco era precisamente algo de lo que se hablara a menudo en mi familia; a mis primos y a mí ni siquiera nos permitieron ir al funeral de mi abuela y nos quedamos en casa con una canguro. Todo lo que puedo recordar de las experiencias de ese día fue que estaba en la casa de mis otros abuelos, preparándome para salir a hacer el truco o trato con mi disfraz de Halloween, cuando mi padre subió lentamente las escaleras después de hablar por teléfono con mi madre y dijo en voz baja: «Se ha muerto». Recuerdo tener la mirada perdida con una sensación de malestar en la boca del estómago. No lloré; creo que ni siquiera dije nada. Sin duda, estaba triste, pero más sorprendida de que sencillamente ya no estuviera aquí con nosotros en la tierra. Recuerdo que al llegar a casa con mi bolsa llena de caramelos esa misma noche de Halloween, todos mis tíos y tías estaban reunidos en la sala de estar en penumbra de mi abuela mirando lo que parecían centenares de fotos. Los vi llorar a todos y oí unas risitas aquí y allá cuando recordaban el pasado mientras compartían recuerdos de cuando la abuela estaba entre nosotros. No me gustó la sensación de esa noche. Estaba todo muy oscuro, silencioso y triste. No podría haber estado más confundida. No estaba segura de si se suponía que debía llorar, reír o decirle algo a alguien.

Como si el fallecimiento de mi abuela no fuera suficiente introducción a la muerte a una edad tan temprana, a mis padres les encantaba ver programas de televisión sobre crímenes reales, que siempre tenían puestos de fondo en la televisión. Por supuesto, puede que *ellos* apartaran la vista de la pantalla para leer, preparar la cena o hacer algún trabajo en el ordenador, sin inmutarse por lo que había en la tele, pero mis jóvenes ojos estaban fijos en ella. Me sorprendía ver todas las formas terribles y espantosas en que moría la gente. Evidentemente, eran programas de televisión con guion y actuaciones de actores, pero no ayudaba en nada a mi desasosiego por la muerte.

Durante los siguientes quince años más o menos, la muerte era algo que quería mantener lo más lejos posible de mí. Esto no era realista, por supuesto, y en el instituto tuve otro terrible encuentro con la muerte. Uno de mis amigos iba en bicicleta una noche y lo atropelló un automóvil. Recuerdo que al día siguiente me encontraba en clase de español cuando mi jefe de estudios tranquilamente hizo el anuncio de que un compañero de clase había muerto. El mundo se me vino encima; me mareé y tuve que sentarme en mi pupitre. No podía creer lo que estaba escuchando. Su funeral fue muy trágico; su novia de catorce años comenzó a gritarle a su ataúd, ya te lo puedes imaginar. Entonces, cada vez que alguien mencionaba la palabra «muerte», sentía escalofríos. Probablemente te estés preguntando, «*¿Cómo una chica* cuyo su mayor temor era la muerte acabó en una relación con alguien que puede ver y oír a los muertos?». Aún me lo pregunto todos los días, pero supongo que eso es el destino, ¿no crees?

Cuando conocí a Matt, todavía tenía todos esos pensamientos que te acabo de contar; sin embargo, enterré tan profundamente los pensamientos relacionados con la muerte que ni siquiera podía entender lo que Matt estaba haciendo. Recuerdo estar sentada allí junto a Matt en la barra de la cafetería en la que nos conocimos, con los pies colgando del taburete, haciéndole preguntas estúpidas: «Entonces, ¿puedes ver siempre gente muerta deambulando por ahí?». Fue muy dulce y cariñoso, y es muy probable que intentara contener alguna que otra risa. Creo que se dio cuenta de que no podía llegar a entender que era un médium psíquico. Después de todo, yo entonces tenía dieciocho años; ¿para qué habría necesitado alguna vez un médium psíquico? Como nunca hablaba de la muerte ni pensaba en ella, nunca antes había oído hablar de un médium psíquico. «Así pues, ¿estás viendo a alguien a mi alrededor?», le pregunté riendo nerviosamente como si fuera un chiste. No esperaba que me respondiera nada en absoluto. No sabía si iba a empezar a sacar cartas de una baraja o a hacer un hechizo mágico o cosas raras con las manos. «Sí, veo a tu abuela detrás de ti», se limitó a decir. Me imagino la cara que puse; me quedé boquiabierta mientras lo miraba. Supongo que estaba tan pálida como un fantasma (nunca mejor dicho). La cara empezó a arderme y un sudor frío me recorrió el cuerpo, desde cabeza hasta los dedos de los pies. «Está justo detrás de ti». Podría haber vomitado. No porque no estuviera entusiasmada de oír que mi abuela, a quien echaba tanto de menos, se encontraba a mi lado, sino porque ese chico que acababa de conocer, y que parecía un chico corriente, podía *verla* físicamente detrás de mí. Mi mente no podía entender qué estaba pasando. «Lo que también estoy viendo es que tienes una bolsita de ella que tú y tu familia guardáis y os vais pasando los unos a los otros». Bien, ésa debería haber sido mi pista para salir corriendo del restaurante. ¿He dicho que también tenía ansiedad? Ésta no era exactamente la combinación ideal para mí.

Traté de tomármelo lo más fría, tranquila y serenamente posible. Salté del taburete en el que estaba sentada y agarré mi cartera de la mesa que estaba junto a nosotros. Abrí la cremallera de mi cartera y saqué una bolsita de color azul celeste con una cruz. Esta bolsita era de mi abuela y dentro tenía sus anillos y joyas, un rosario y una medalla de plata que mi familia y yo nos pasamos cuando alguien realmente la necesita. Por ejemplo, para ir a un examen importante o a una entrevista de trabajo, o para combatir la ansiedad. Nadie fuera de nuestra familia sabe la existencia de esta bolsa; ¿cómo podrían saberlo? Estaba más que sorprendida, como mínimo.

Vas a pensar que estoy loca, pero incluso después de escuchar la agradable conversación sobre mi abuela y Matt explicándome cosas cuando nos conocimos, seguía sintiéndome incómoda con la muerte. Cuando Matt y yo comenzamos a salir y a acercarnos más, me invitaba a sus lecturas grupales en directo. Me preguntaba a mí misma: «¿De verdad la gente viene a estas cosas voluntariamente?». Me sentaba en la habitación con centenares de personas tristes y nerviosas, tratando de pasar desapercibida. Matt seleccionaba a alguien al azar y comenzaba a darle mensajes de sus familiares y seres queridos fallecidos, lanzando un hecho tras otro sobre toda su vida. La gente sollozaba, gritaba y a veces incluso tenía que sentarse. La energía que había en la habitación no se parecía a nada que hubiera sentido antes en mi vida. Era una montaña rusa tal que no estaba segura de querer formar parte de ella. Me quedaba sentada allí con la mirada gacha, tratando de distraerme hurgándome en las uñas o mirando el teléfono. Eso sólo funcionaba un par de minutos, porque no podía dejar de escuchar los mensajes que Matt entregaba a esos extraños, personas con las que nunca había estado en contacto antes. La sensación que se percibía en la habitación era indescriptible; era como si pudieras percibir el pasar página y el alivio que muchos sentían después de que Matt les hablara. Esos eventos me cambiaron para siempre.

Por supuesto, siendo la esposa de Matt, podría ser un poco parcial, pero lo que él tiene es un don dado por Dios. La forma en que le habla a la gente y cómo le responden de inmediato, las emociones que sienten cuando habla sobre sus seres queridos que tanto echan de menos, es una experiencia increíble y un honor ser testigo de ello. Lo que más me cambió no es qué dice Matt (aunque es increíblemente preciso, y es asombroso lo que sabe sobre completos extraños), sino cómo lo dice. Matt te hace sentir como en familia tan pronto como te empieza a hablar. Te mira con su hermosa y amable sonrisa y sus dulces ojos marrones, y te hace sentir segura y cómoda. Tiene un lado muy acogedor y cálido, pero también es eléctrico y afable. Realmente es el único que podría hacer que la muerte parezca tan ligera y especial. La forma en que Matt se explica a sí mismo y cómo te escucha mientras hace bromas y te abraza puede quitarte el mayor peso de encima. Te hace sentir como si tu ser querido fallecido realmente estuviera sentado o de pie justo a tu lado (y lo están), pero es un sentimiento inexplicable, y él es el único que puede explicarlo.

Después de estar con Matt durante casi seis años, he cambiado por completo de opinión sobre la muerte, y también he aprendido mucho porque Matt es un maestro increíble. Ha tenido conversaciones agradables conmigo sobre el otro lado, instruyéndome sobre lo hermosa que puede ser la muerte y cuán cercana es la conexión que tenemos con nuestros seres queridos a pesar de que no se encuentran físicamente aquí con nosotros. Me encuentro haciéndole preguntas a Matt sobre la muerte y el cielo todos los días: en el coche, cuando cocinamos juntos o hablando en la cama hasta las dos de la mañana, cuando deberíamos estar durmiendo. Me ha abierto completamente los ojos a un mundo totalmente diferente, y tengo que decir que estoy apesadumbrada por haber estado apartada de él durante tanto tiempo. Estando al lado de Matt cuando se presentaba en salones de baile de hoteles, y ahora en teatros y centros cívicos, he terminado por disfrutar y anhelo escuchar la historia y el mensaje de cada persona. El modo en el Matt es capaz de hacer reír, aportar felicidad y ayudar a pasar página de inmediato a alguien que claramente ha luchado tanto contra el dolor después de perder a un ser querido es algo que tienes que ver para entenderlo. Disfruto viendo y sintiendo las emociones de sus lecturas, mientras sostiene las manos de aquellos que luchan todos los días. Me encanta ser parte de los cursos y las clases de Matt, donde aprendo más cada vez que lo escucho. No, todavía no me he cansado de verlo a pesar de que nos vemos todos los días, y realmente espero con ansias lo que Matt pueda decirme sobre el cielo y la vida después de la muerte, y lo que están haciendo nuestros seres queridos. Matt me ha abierto completamente la mente y el espíritu para abrazar la muerte y el círculo de la vida, y para ver lo hermoso que es el ciclo. Sinceramente, nunca había sentido lo cerca que están nuestros seres queridos de nosotros, aunque parezcan estar tan lejos. He adquirido una intuición muy fuerte, y he podido sentir y conectarme con el Espíritu de una manera muy diferente. Matt me ha ayudado con mi energía y me anima a rezar constantemente, a hablar con mis seres queridos que han fallecido. Ha sido un viaje tan hermoso que no puedo creer que no lo hubiera experimentado si no hubiera conocido a Matt…, pero como dije, es el destino, ¿no?

# MENSAJE DE MATT FRASER

## ¡SÉ POR QUÉ ESTÁS AQUÍ!

La muerte de un ser querido es la cosa más desafiante y emocional por la que alguien puede pasar. Pero el secreto es que su ser querido en realidad no se ha ido. Como médium, ayudo a conectar a los vivos con amigos y familiares que han fallecido. Les demuestro que la persona a la que están echando tanto de menos no está realmente muerta, sino que simplemente es diferente. Y darse cuenta de esto puede cambiar la vida.

Si hubiera algo que pudiera hacer por el mundo, sería dejar que todos experimentaran la vida como un medio psíquico por un solo día. Ayudaría a eliminar parte del misterio y el miedo a la muerte si la gente pudiera ver lo que yo veo. Dondequiera que voy, veo a los muertos junto a los vivos: una hija en espíritu de pie con su madre en la cola de la caja del supermercado; un padre que falleció años antes vigilando a su hijo mientras cogía el metro para ir al trabajo; una mascota fiel que había muerto, siguiendo a su dueño... Esas almas están conectadas con sus seres queridos toda la eternidad. A pesar de lo que hayas visto en la televisión y en las películas, puedo decirte algo: ¡los muertos no dan tanto miedo!

Muchas veces pensamos en qué les diríamos a nuestros seres queridos en el cielo, ¿pero alguna vez te has imaginado lo que te dirían tus seres queridos? A medida que te adaptas a la vida sin ellos, ¿te has preguntado cómo se están adaptando a la vida del otro lado? Quiero ayudarte a comprender qué pasa desde el punto de vista de los difuntos, porque cuanto más entiendes sobre el más allá, más cerca te sientes de los que están en espíritu.

Precisamente por eso quise escribir este libro.

Como médium psíquico, me comunico todos los días con los muertos. Pero no siempre ha sido así. Hubo una época en que rechazaba mi don en un intento desesperado por ser «normal». No vi, ni oí ni sentí a los muertos durante muchos años. Fue así hasta que en la adolescencia visité a un médium y me di cuenta de que había cometido un terrible error. A partir de aquel momento, he dedicado mi vida a perfeccionar mi don y a aprender todo lo que he podido sobre el mundo de los espíritus. A medida que he ido redescubriendo mis habilidades de mediumnidad, me he dado cuenta de que todos tenemos una conexión con el cielo y podemos sentir y percibir a nuestros seres queridos de una manera única. Una cosa más que la mayoría de la gente encuentra reconfortante: al igual que nosotros intentamos conectar con nuestros seres queridos, ellos también intentan conectar con nosotros. Y nos hacen saber que están con nosotros de muchas maneras diferentes.

¡Así que aquí está! Mi libro sobre el más allá. Todo lo que he escrito en él lo he aprendido de mis muchas conversaciones con almas del otro lado. Todas estas ideas se basan en mis propias experiencias reales y los mensajes que he recibido. Por favor, ten en cuenta que todos tenemos nuestro propio sistema personal de creencias. Si lees algo que no encaja contigo, quédate sólo con lo que le llegue a tu corazón y olvídate de lo demás.

Tanto si estás aquí porque eres un médium psíquico que busca comprender mejor tu don, estás de luto por la pérdida de un ser querido o sientes curiosidad por aprender más sobre la otra vida, has venido al lugar correcto.

¡Espero que te ayude en tu propio viaje espiritual!

Siéntete bendecido e inspirado,

# CAPÍTULO 1

## Introducción a la habilidad psíquica

*«¡Hay una pizca de habilidad psíquica en todos nosotros!».*

### ¿QUÉ ES UNA HABILIDAD PSÍQUICA?

¿Alguna vez has sabido algo acerca de otra persona o has predicho un acontecimiento antes de que sucediera? Si es así, es posible que te hayas preguntado, *«¿Cómo puedo saber si lo que estoy sintiendo se basa en una percepción psíquica, en algo que he experimentado en el pasado o en una ilusión?»*.

La gente me hace esta pregunta constantemente.

La respuesta es que podría ser más de una de esas cosas a la vez.

### *El sexto sentido*

Piensa en alguna experiencia que hayas tenido. Por lo general, implicas más de un sentido. Cuando comes un sándwich, lo pruebas. Pero también lo ves, lo tocas y lo hueles: si el pan está tostado, incluso puedes oírte a ti mismo mordiéndolo.

Los primeros cinco sentidos son la vista, el oído, el gusto, el tacto y el olfato, pero la capacidad psíquica va más allá. Es el sexto sentido y te permite ver e interpretar lo que no se ve. Tu sexto sentido utiliza tus primeras cinco habilidades y da un paso más para ir más allá.

La habilidad psíquica aprovecha la energía universal. Cuando le haces una pregunta al universo, es como si hicieras una búsqueda en Google, pero en lugar de Internet, tienes sabiduría ilimitada a tu disposición.

Así es como muchos psíquicos y médiums describen sus ideas. Y al igual que cuando haces una búsqueda *online,* debes tener muy claro qué estás preguntando o no obtendrás la respuesta correcta. Y otra cosa: en realidad no sabes de dónde ha venido el mensaje ni cómo te ha llegado. Sencillamente aparece.

## Sintoniza con amigos y familiares

La mayoría de las personas con habilidades psíquicas tienen ciertas áreas en las que su don es más fuerte. Por ejemplo, siempre sé cuándo está pasando algo con un miembro de la familia o con un amigo cercano. De repente tendré la necesidad de acercarme y llamarlo. Puede que viva lejos, y puede que ni siquiera hable con él de manera habitual, pero de repente está en mi mente, ¡y no se va!

Hace poco, estaba sacando la basura cuando de repente un amigo mío de Florida se me apareció en la mente y luego pensé en su perro. El perro era como su hijo; significaba mucho para él y tuve la sensación de que el perro estaba enfermo, o que incluso podría haber muerto. Quería comunicarme con él, pero se me hacía raro llamarle. ¿Qué debo decirle? ¿Qué pasa si mis señales estaban equivocadas y el perro se encontraba bien? Así pues, en lugar de llamarlo por teléfono, decidí visitarlo. Quedamos para cenar, y unos minutos después de sentarnos me dio la noticia de que el perro había muerto. Mi intuición era acertada y pude consolarlo haciéndole saber que el perro estaba en paz.

La intuición, o habilidad psíquica, puede adquirir muchas formas diferentes: puede advertirte de algo que te pasará a ti, a un ser querido o a un completo extraño. Y también puede prepararte para grandes momentos de la vida, como tener un bebé o conocer a tu alma gemela.

*Confía en tu intuición*

Así pues, y a modo de resumen, un psíquico sabe las cosas antes de que pasen. Muchas personas tienen percepciones psíquicas, pero no lo saben. Encuentran todo tipo de explicaciones diferentes para lo que están sintiendo. Ser psíquico tiene todo tipo de beneficios, pero para aprovecharlos, primero debes confiar en lo que te dice tu intuición.

Si bien ser psíquico puede parecer místico o algo extraño, también es una habilidad muy práctica. Puede ayudarte a tomar mejores decisiones sobre cualquier cosa, desde ofertas de trabajo hasta parejas, e incluso la ruta que hay que seguir en un viaje. Así que vale la pena prestar atención a tu intuición y aprender a confiar en ella.

## ¿CUÁL ES LA DIFERENCIA ENTRE UN PSÍQUICO Y UN MÉDIUM?

Una cosa que debes saber es que todos los médiums son psíquicos, pero no todos los psíquicos son médiums.

Un psíquico puede predecir el futuro: lee la energía de una persona y también capta energía del universo.

Los psíquicos utilizan todo tipo de herramientas y técnicas para obtener su información, pero al final, son sólo conductos para transmitir el mensaje. Las cartas del tarot son un gran ejemplo de ello. Puedes comprar barajas de tarot realmente bonitas, pero para un verdadero psíquico, una baraja de cartas normal puede funcionar igual de bien. Mi abuela se hizo su propio mazo especial con naipes normales que marcaba con palabras y pequeños símbolos. Los utilizó durante años e hizo lecturas asombrosas con ellos. Además de los naipes, los psíquicos utilizan hojas de té y el poso del café para provocar imágenes y visiones. Algunos psíquicos hacen una lectura agarrando algún objeto personal o mirando una fotografía de alguien.

Pero ésta es la cuestión. Sean naipes o cualquier otra cosa que utilice un psíquico, lo que más importa es la energía que el psíquico atrae. Cinco psíquicos diferentes podrían sacar los mismos tres naipes y obtener percepciones totalmente diferentes. Eso es porque el significado va más allá del naipe. El naipe, las hojas de té, la fotografía —da igual la herramienta— son sólo la puerta por la que llega el mensaje.

## Captar mensajes del más allá

A veces, los mensajes provienen de la energía de la persona de la que se hace la lectura, pero también pueden provenir de almas que han fallecido. Esto nos lleva de nuevo a la pregunta: ¿cuál es la diferencia entre un psíquico y un médium?

Un médium conecta con los difuntos. Sintoniza con las personas que han muerto y recibe mensajes de ellas. Un médium puede sentir las almas que te rodean y describir a esa persona. El médium es como una línea telefónica humana entre el cielo y la tierra. Pero no es realmente blanco o negro, porque un médium también puede obtener información psíquica de aquellos que han fallecido. En lugar de captar percepciones psíquicas de la energía que rodea a la persona de la que se hace la lectura, un médium obtendrá su información de alguien del otro lado.

## Predicciones desde el cielo

Una vez hice una lectura en la que apareció una abuela y le dijo a su nieta que sería madre al año siguiente. La mujer aún no estaba embarazada, pero al cabo de un año nació su hijo. En este caso, ¿estaba actuando como un medio para conectar a la mujer con su abuela fallecida o estaba prediciendo psíquicamente su embarazo?

Técnicamente, estaba actuando como médium, porque la predicción venía de alguien que había fallecido. ¿Cómo saben las almas que están en el cielo lo que pasará en la tierra? Porque son energía, pueden ver el mañana con más claridad que nosotros el ayer. Por eso no se preocupan por nosotros. Saben lo que pasará y pueden ver la luz al final del túnel. Y dado que los muertos no viven una existencia terrenal, tienen una perspectiva elevada. Pueden ver toda la situación con amor, sin ningún sesgo o intención personal. Ven la vida a través de tus ojos y se encuentran en la posición perfecta para querer sólo lo mejor para ti.

## Las herramientas de un médium

Hablemos sobre cómo los psíquicos utilizan herramientas como las hojas de té y las cartas del tarot para conseguir su información, y los médiums tienen sus propias técnicas para conectar con el otro lado.

Puede que veas a un médium escribiendo en una hoja de papel o sujetando una fotografía del difunto porque le ayuda a mantener abierto el canal. Otros médiums pueden cogerte de la mano y cerrar los ojos, porque necesitan establecer una conexión física.

Los médiums no sólo utilizan diferentes herramientas, sino que también reciben los mensajes de diferentes maneras. Pueden oír voces, tener visiones o captar ondas de pensamiento.

Crecí viendo y oyendo a los difuntos. Accedo a estos sentidos cuando hago una lectura. No tienes que ser un médium para sentir el Espíritu –puedes tener un atisbo o sentir cerca la presencia del Espíritu–, pero un médium puede interpretar el mensaje. Es como hacer un rompecabezas: todas las piezas se unen para contar una historia. Excepto que no es tan sencillo. Imagina hacer un rompecabezas que has comprado en un mercadillo. Es probable que falten algunas piezas. Un buen médium es capaz de completar las piezas y transmitir un mensaje claro. Dado que todos los médiums tienen habilidades psíquicas, podemos captar energía para hacer una lectura, pero además tenemos una fuente adicional de información: las almas del otro lado. Para mí, estas percepciones son especialmente valiosas porque son muy personales.

La gente a menudo me pregunta: «¿Cómo has sabido esto?». Y mi respuesta suele ser: «¡El espíritu de tu abuela me lo ha dicho!».

## ¿PUEDO PRACTICAR PARA CONVERTIRME EN UN MÉDIUM PSÍQUICO?

No puedo enseñar a la gente a ver y oír a los muertos a voluntad. Ése es un don con el que tienes que nacer. Pero estoy absolutamente seguro de que hay una habilidad psíquica en todos nosotros, y podemos utilizarla para sentirnos más cerca de los seres queridos que han fallecido. Con un poco de práctica y confianza, cualquiera puede aprender a aprovechar su intuición y recibir señales y mensajes del universo a su propia manera.

La fuerza de tu intuición variará, y la manera en la que recibes los mensajes puede ser diferente a la de los demás. Pero lo más grande que puede bloquear tus percepciones psíquicas o mediúmnicas es tener miedo de confiar en tu intuición o en tus instintos.

Lo que es realmente genial es que, del mismo modo que anhelas sentirte más cerca de tus seres queridos en el cielo, ellos quieren conectar contigo. El secreto es encontrar una manera de cerrar la brecha y comunicarte.

## Señales y sueños

Creo que todos tenemos nuestra «línea telefónica» única para comunicarnos con el cielo. El hecho de que no seas un médium no significa que no puedas recibir mensajes. Las almas se acercarán a ti de muchas maneras diferentes. Tu ser difunto querido puede llegar a ti en forma de sentimientos viscerales, visiones, sueños o pensamientos que no se pueden explicar.

Una de las formas más habituales en la que las almas se acercan es enviándote señales. Esas señales pueden ser cualquier cosa que tenga significado para ti y tu ser querido. Son comunes los pájaros, las monedas, las canciones en la radio o ver a una persona que te recuerda al difunto, ¡pero también hay muchas inusuales! Una señal es como una broma interna: todo lo que importa es que tenga sentido para ambos.

Una reflexión final sobre cómo aprender a ser un médium: el nivel de tu habilidad vendrá determinado por tu don natural, aparte de cómo lo desarrolles. Es como cantar. Siempre he deseado poder cantar. He ensayado y he mejorado (un poco), y disfruto cantando canciones en el coche, pero no tengo talento natural. ¡No soy Michael Bublé! Pero cantar me resulta placentero y me hace feliz, y para la mayoría de las personas, aprender a reconocer cuando sus seres queridos están cerca en espíritu les aporta paz y placer, y eso es lo más importante.

# ¿TODOS LOS PSÍQUICOS Y MÉDIUMS SON IGUALES?

En absoluto. ¡La forma en la que los dones psíquicos y mediúmnicos se manifiestan varía mucho! Fíjate en mi familia. Mi abuela era médium, mi madre es médium y yo soy médium. Compartimos genética, todos somos médiums, pero nuestros dones se manifiestan de maneras muy diferentes.

Mi abuela era sobre todo psíquica. Hacía lecturas de vida; delimitando el pasado, el presente y el futuro de sus clientes con su baraja de tarot hecha a mano. Confiaba en la habilidad psíquica, pero como también era una médium, se le manifestaban las almas y le aportaban más información y detalles.

Mi madre es una psíquica de la vida. Predice sucesos futuros como con quién te casarás, qué oportunidades se avecinan, cosas a las que debes estar atento o cuándo debes cambiar de dirección. Lee las cartas, pero también puede ver cosas en las hojas de té o en el poso de café que se deposita en el fondo de tu taza. Es curioso, porque cuando miro las hojas de té o el poso del café, no significa nada para mí, pero para mi madre cuentan toda una historia. La mediumnidad de mi madre se manifiesta cuando mira fotografías. Es capaz de identificar y ver el Espíritu en las fotografías y transmitir mensajes.

En mi caso, es diferente porque tengo visiones en la vida real. Veo sombras, figuras y siluetas. De todos modos, no es como en las películas. Son más bien atisbos o impresiones. No es tan evidente como te pudieras imaginar.

## *Encuentra un médium que hable tu «idioma»*

Aunque los psíquicos y los médiums reciben su información de diferentes maneras, los mensajes son lo que importa. Conseguimos información del mismo lugar, pero tomamos un camino diferente para llegar a ella.

A menudo he dicho que un médium es como un traductor entre tú y el reino de los espíritus. Por eso es importante que encuentres un psíquico o un médium con el que conectes. Es como encontrar un profesor que hable tu idioma y se comunique de una manera que te ayude a aprender.

Y otra cosa más sobre encontrar el médium adecuado. Lo creas o no, la mayoría de los médiums tienen especialidades. Hay psíquicos de mascotas y médiums que hablan con mascotas; hay médiums que acceden a tu cuerpo para detectar enfermedades; hay detectives psíquicos que resuelven crímenes. Algunos médiums pueden encontrar y localizar objetos perdidos. Mi habilidad siempre ha sido conectar directamente con los difuntos para transmitirles mensajes. Todos tenemos una vocación o un propósito. El mío es volver a poner a las personas en contacto con sus seres queridos para confirmar que siempre están con ellas y demostrar que existe el otro lado.

## ¿QUÉ ÉS UNA VISIÓN PSÍQUICA Y CON QUÉ LA PUEDES COMPARAR?

La mejor manera de describir una visión psíquica es que estás soñando estando despierto. ¿Alguna vez has tenido un sueño estando despierto del que alguien ha tenido que sacarte? Es como si tu mente te llevara a un lugar completamente diferente. Eso es una visión psíquica: es como si de repente te metieras en un sueño cuando no lo esperabas.

Piensa en cómo en sueños puedes visitar diferentes lugares y tener conversaciones y experiencias que parecen reales. Así es exactamente una visión psíquica. La mayoría de los médiums te dirán que sus visiones llegan rápido; son destellos de información que pasan volando. A veces las palabras están distorsionadas. El médium tiene que concentrarse para asegurarse de que recibe un mensaje claro y conciso. A menudo verás psíquicos y médiums que cierran los ojos para poder concentrarse en lo que está pasando.

### Percepciones inesperadas

Aunque no esté haciendo una lectura u organizando un evento, sigo obteniendo impresiones aleatorias. Puedo encontrarme en medio de una conversación con alguien, caminando por la calle o simplemente en casa viendo la televisión y, *¡boom!,* tengo una visión. Me ha estado pasando desde que era joven.

Mi madre siempre se aseguró de que me las tomara en serio. Me enseñó que cuando el Espíritu llega sin ser invitado, suele ser porque tiene un mensaje importante. Consideraba que era mi responsabilidad como médium entregarlo a la persona adecuada. Ella me ayudaría a averiguar para quién era el mensaje y cómo transmitir la información sin asustar al destinatario.

Cuando siento la presencia de un alma acercándose, le formulo preguntas mentalmente. A veces le pido que sea más claro o que me dé más información. Intentaré conseguir un nombre, cuál es su mensaje y para quién es el mensaje.

Mi familia y mis amigos siempre pueden saber cuándo estoy teniendo una visión. Tengo una mirada vidriosa. Puede ser embarazoso cuando estoy en público. La gente podría pensar que los estoy mirando cuando en realidad estoy recibiendo un mensaje para ellos. Alexa solía sentirse muy avergonzada –«¡Estás mirando a esa señora!»–, pero ahora ya está acostumbrada a mis visiones y puede ver lo sanador que puede llegar a ser cuando le doy un mensaje a alguien.

## ¿PUEDE UN MÉDIUM SABER SI OTRA PERSONA TIENE UN DON PSÍQUICO?

Muchas personas descubren sus propios dones cuando visitan a un psíquico o a un médium. Ha habido momentos en los que un alma con la que me estoy conectando me dice que la persona a la que le hago la lectura también puede sentirla y verla.

¡Éste fue mi caso! Cuando vi a una médium por primera vez, y acababa de cumplir dieciocho años, me dijo que podía conectarme con el otro lado. Mi abuela y otros espíritus se habían acercado a ella y le habían hecho saber que habían estado tratando de comunicarse conmigo, pero que yo los estaba bloqueando.

¡Me asustó, y mucho! Sí, había sentido la presencia de espíritus cuando era joven, pero había apartado mi don durante mi crecimiento.

Cuando vas al colegio, hablar con personas muertas no es una buena manera de encajar, y casi había olvidado que podía hacerlo.

Inicialmente, mi idea era hacerle preguntas a la médium sobre una chica que me gustaba y sobre mi carrera, pero obtuve mucho más de lo que esperaba. La médium podía ver que el mundo de los espíritus estaba tratando de ponerse en contacto conmigo, y cuando me lo dijo, mi vida ya no volvió a ser la misma. Esa lectura abrió las compuertas cuando miré hacia atrás a lo largo de los años y reconocí mis propias habilidades.

## Un alma gemela

Ese mismo año, me encontré en una situación similar mientras hacía prácticas para ser técnico de emergencias médicas. Nos asignaron al compañero y en el momento en el que conocí a la mía, una voz me dijo que ella también podía oír y sentir el mundo de los espíritus. Fue una de las primeras personas fuera de mi familia a la que realmente le hablé de mi don. ¿Cómo es posible que ambos nos encontráramos en el mismo camino de la vida, ambos queriendo ayudar a sanar a las personas? Pero tal vez no fuera una coincidencia tan extraña: creo que nos convertimos en técnicos de emergencias médicas porque teníamos una habilidad con la que no estábamos seguros de qué hacer.

Aunque ella nunca decidió hacer público su don, siguió su camino ayudando a personas en el campo de la medicina. Su don la convirtió en una mejor técnico de emergencias médicas porque podía sentir cosas más allá de lo físico. Le faltaba un pelo para ser una médium médica.

Ahora veo que hay médiums que se me acercan queriendo aprender más sobre sus dones y afinar su propia habilidad. Mucha gente viene a mí en busca de validación; no pretenden encontrar un maestro o un mentor, sino que sólo quieren que les confirme que lo que les está pasando no es algo a lo que deban temer.

Siempre estaré agradecido a la médium que me abrió los ojos. Ella me mostró que podía utilizar este don de una manera completamente nueva y cómo podía ayudar a la gente. Me hace sentir bien cuando puedo hacer lo mismo por otras personas.

## ¿LOS PSÍQUICOS VEZ ALGUNA VEN COSAS MALAS EN UNA LECTURA?

Depende del médium, pero creo que la mayoría de nosotros queremos dar consejos constructivos, no asustar a la gente. Tiendes a atraer aquello en lo que te enfocas, así que siempre rezo para recibir información que sea para el bien de mi cliente, que éste la pueda utilizar para vivir una vida mejor.

Por ejemplo, si el mundo de los espíritus te dice que vas a tener un accidente de automóvil, ¿cómo te ayudará esto? Pero si el mensaje es reducir la velocidad y conducir con más cuidado durante la temporada de lluvias, puede salvarte la vida.

### *Cuando la pérdida aún es reciente*

Hay momentos en los que la persona a la que se hace la lectura todavía tiene mucho dolor por procesar. Es importante que el médium sintonice con los sentimientos de su cliente. Un ser querido puede haber fallecido de manera repentina y trágica, y no ha podido despedirse. Puede haber habido un suicidio o bien un desacuerdo que nunca se ha llegado a resolver. Éstas son a menudo las lecturas más difíciles, pero a la vez más gratificantes, para mí. Al conectar a la persona con su ser querido en espíritu, un médium puede ayudar a resolver los asuntos pendientes para que la persona que se ha quedado atrás pueda sanar.

### *Cuando la verdad duele*

Ocasionalmente, el Espíritu puede mencionar cosas durante una lectura que no son fáciles de oír. Por ejemplo, una mujer buscaba el consejo de su madre que había fallecido. Su matrimonio estaba atravesando problemas y quería saber si había algo que pudiera hacer para salvar la relación. Estaba desesperada por recibir noticias esperanzadoras, pero según lo que compartió su madre, yo tenía que hacerle saber que no había nada que pudiera hacer.

Su marido había conocido a otra persona y ya se había decidido. Yo temía darle la noticia, pero en realidad le trajo un gran alivio a la cliente oír esas palabras de su madre. Por culpa de su cultura, se sentía fracasada porque su matrimonio se había derrumbado. Su madre le dijo que no podía perseguir a un hombre que no la amaba y le dio permiso a su hija para firmar los papeles del divorcio y seguir adelante. Su madre podía ver que esa persona no era su alma gemela. No tenían hijos y ella estaba destinada a ser madre. Escuchó los consejos de su madre y, una vez que su divorcio fue definitivo, pudo conocer a su alma gemela, casarse y formar una familia.

### Mantén la mente abierta

Algunas personas acuden a una lectura queriendo escuchar una cosa específica, pero el Espíritu puede sorprenderte. A veces recibirás un mensaje que ni por asomo esperabas, o pensarás que vas a conectar con una persona y llegará otra. He notado que estas sorpresas terminan siendo muy significativas para el destinatario. ¿Recuerdas que he dicho que las almas en el cielo ven la imagen completa? Eso significa que saben a quién y qué necesitas escuchar, aunque no sea eso lo que has venido a buscar. Tienes que confiar en el universo (y en el médium) y estar abierto a lo que se te presente.

## ¿LA HABILIDAD PSÍQUICA ES HEREDITARIA?

Ser psíquico es como ser pelirrojo o ser alto. Si alguien de tu familia nació psíquico, es probable que otros miembros de la familia también tengan el don, aunque probablemente no todos.

Tomemos el ejemplo de mi familia. Mi abuela y mi madre tenían el don, y yo también nací con él. Mi hermana, sin embargo, es como la niña olvidada de Harry Potter y no tiene ninguna habilidad psíquica. Fue realmente difícil para ella cuando comencé a tener experiencias con el mundo de los espíritus. Ella no tenía ni idea de lo que estaba pasando. Se parece a mi padre, y él no podría ser menos psíquico si lo intentara.

Nos gusta decir que, así como yo heredé las habilidades psíquicas y mediúmnicas de mi madre, mi hermana heredó el escepticismo de mi padre.

No sólo es frecuente que algunos miembros tengan dones psíquicos y otros no, sino que a veces la habilidad puede saltarse una generación o más de una. Una persona puede ser psíquica y no tener ni idea de dónde le viene, entonces rastreará su árbol genealógico y encontrará ancestros psíquicos que se remontan a muchas generaciones atrás.

## Las experiencias cercanas a la muerte pueden desatar dones espirituales

Hay momentos en los que las personas se vuelven psíquicas por medios distintos a la herencia. La mayoría de las veces ocurre después de una experiencia cercana a la muerte. Tuve una clienta que estuvo implicada en un accidente automovilístico y estuvo a punto de morir. Estaba conectada a un respirador y casi se había perdido toda esperanza. Sus posibilidades de recuperación eran escasas, por no decir nulas.

Justo antes de que la familia se enfrentara a la decisión de desconectarla del soporte vital, se despertó milagrosamente. Cuando fue dada de alta del hospital y volvió a casa para recuperarse, empezó a ver gente extraña en la casa. No era consciente de que realmente no estaban allí. Su familia pensaba que tenía alucinaciones, pero resultó que su encuentro con la muerte había abierto una conexión con el otro lado.

Se sabe que las experiencias cercanas a la muerte otorgan a las personas capacidad psíquica, y para mí tiene sentido. Después de todo, estaban a medio camino del cielo, por lo que es posible que conserven esa conexión incluso después de recuperarse.

A veces, un acontecimiento que sucede al nacer puede hacer que alguien sea psíquico. Por ejemplo, he oído hablar de bebés que nacieron con el cordón umbilical enrollado alrededor del cuello y que crecieron con habilidades psíquicas.

Hay casos raros en los que la habilidad psíquica es totalmente aleatoria. No hay ninguna razón; nadie más en la familia es psíquico o médium. Sin motivo aparente, alguien acaba de nacer con el don.

Una última cosa. Hay muchas personas que descubren que son psíquicas a una edad temprana y lo rechazan. Pero en realidad esta habilidad nunca desaparece. Siempre pueden recuperarla abriéndose a ella nuevamente.

## ¿CÓMO PUEDO SABER SI UN NIÑO ES PSÍQUICO?

Cuando los niños son muy pequeños, todos son psíquicos de manera natural. Sin embargo, cuando toman conciencia del mundo que los rodea y pueden diferenciar entre el mundo físico y el mundo espiritual, la mayoría de ellos pierden la habilidad. Los niños que no pierden la conexión pueden confundirse mucho. Son lo suficientemente mayores para saber que lo que están viendo no es «real» y no entienden lo que está pasando. Todo esto puede resultar aterrador y complicado para un niño.

### Cosas que acechan por la noche

Tengo algunos recuerdos de cómo fue en mi caso. Cuando tenía unos cuatro años, oía susurros a mi alrededor. Veía extraños al pie de mi cama o sombras oscuras. ¡Era tan aterrador! Abría los ojos y veía una sombra; luego, de repente, aparecía la figura de un hombre. Los susurros se hacían más y más fuertes, y yo gritaba como loco llamando a mi madre.

Mi madre sabía lo que estaba pasando y no quería que yo tuviera miedo. Se quedaba justo al lado de los fantasmas y me mostraba que no le estaban haciendo daño. Me aseguró que tenía las mismas visiones de niña y que su madre la había consolado de la misma manera. Me dijo que tenía que escuchar los mensajes porque eran importantes. Me hizo saber que eran almas de personas que habían fallecido, vecinos y gente que había trabajado cerca de casa. Me rogó que los escuchara, pero aun así no lo hice. Sin embargo, que mi madre me creyera y tratara de ayudarme hizo que me fuera mucho más fácil enfrentarme a todo lo que estaba pasando.

## Diferentes niños tienen diferentes dones

Si un niño nace con dones como los míos, es como si estuviera viviendo en la película *El sexto sentido.* Pero no todos somos iguales. Algunos niños nacen siendo capaces de predecir acontecimientos futuros, otros pueden conectar con los difuntos y otros son personas empáticas muy sensibles que sintonizan tan fuertemente con las emociones de los demás que es como si ellos mismos estuvieran experimentando los sentimientos.

Es importante que prestes atención cuando tu hijo está creciendo, sobre todo si hay otros psíquicos o médiums en tu familia. Los amigos imaginarios en realidad pueden ser espíritus que han fallecido. Es normal que los niños psíquicos sean visitados por personas que fallecieron antes que ellos, a quienes nunca habrían conocido en vida. Y no se limitan a las almas jóvenes. Los visitantes pueden ser de cualquier edad.

Si sientes que tu hijo tiene un don espiritual, habla abiertamente con él. Pregúntale a quién está viendo, qué está viendo, qué siente acerca de ese espíritu y qué siente cuando está cerca.

## Visitas del abuelo

Tenía una amiga cuyo hijo veía y oía a los muertos. Estaba completamente asustada porque su hijo tenía conversaciones consigo mismo y jugaba durante horas con alguien que no estaba allí. Ella se me acercó y me pidió que la guiara. De inmediato pude ver que el niño se estaba comunicando con el padre de ella, su abuelo, que había fallecido antes de que naciera el niño.

Le dije que le mostrara a su hijo un álbum de fotos y le pidiera que le señalara con quién estaba hablando. Inmediatamente señaló a su padre: «¡Ése es el hombre que viene a jugar conmigo!».

Sin creérselo al principio, le preguntó a su hijo cómo era el visitante. «Es amable conmigo y siempre está masticando chicle». La mujer se puso a llorar porque su padre siempre estaba comiendo chiche cuando estaba vivo. Después de su conversación, se aseguró de contarle al niño historias sobre su abuelo para que entendiera quién era su visitante.

Aun en el caso de que lo mantengan por un tiempo, algunos niños dejarán de tener ese su don con la edad. Los niños que se aferran a la conexión seguirán siendo psíquicos durante su edad adulta.

## ¿LOS PSÍQUICOS PUEDEN PREDECIR LA LOTERÍA?

Si tuviera un dólar por cada vez que me hacen esta pregunta, no necesitaría que me tocara la lotería, ¡ya sería rico! Lamentablemente, la respuesta es no.

Siempre pienso en la escena de la película *Como Dios*. Jim Carrey interpreta a Dios por un día y en una escena es bombardeado con oraciones provenientes de todo el mundo. Trata de darles a todos aquello por lo que están rezando, y miles de personas rezan para que les toque la lotería. Les concede sus deseos, pero dado que tanta gente gana, las ganancias se diluyen y no hay ganancias. Es un hecho: aunque tengas habilidades psíquicas, no puedes jugar con la vida.

### *No se puede predecir la vida; y yo no quisiera poder hacerlo*

Como psíquico, hay un límite en la cantidad de información que quiero conocer sobre lo que la vida tiene reservado para mí y mi familia. No creo que sea correcto utilizar mi don para eso, y de todos modos, no me gustaría hacerlo. Creo que es importante experimentar los acontecimientos a medida que se presentan. Todos estamos aquí en la tierra para enfrentarnos a desafíos y aprender lecciones de vida, y no hay manera de evitarlo.

Las almas del cielo nos quieren ayudar y guiar, pero no podemos saltarnos pasos. El universo siempre nos dará lo que necesitamos, no necesariamente lo que queremos.

Así pues, cuando veas un psíquico o un médium y te preguntes cómo le iría en Las Vegas, recuerda que somos como cualquier otra persona. Mi mediumnidad es un don, pero no es sólo para mí. Es mi responsabilidad utilizarla para ayudar a los demás. Por supuesto, también me beneficia, porque me permite pasarme la vida haciendo algo que me encanta: ayudar y sanar a las personas.

# MÁS A FONDO

*Explora tu conexión espiritual*

---

Cada psíquico tiene su propia forma de conectar con el otro lado.

Probablemente hayas oído hablar de la clarividencia, y tal vez incluso pienses que esta palabra es un sinónimo de «psíquico». En realidad, la clarividencia es sólo una de las formas en la que los psíquicos y los médiums reciben mensajes. Éstas son algunas de las *claris* más populares y cómo las siente el médium.

CLARIVIDENCIA-VER. Si eres psíquico de este modo, significa que tienes la capacidad de «ver con claridad»: ves las cosas con el ojo de la mente, también conocido como el tercer ojo. Presta atención a tus sueños y a lo que crees que es tu imaginación. Comparte lo que estás viendo con los demás; lo que podría no tener sentido para ti, podría tener sentido para un amigo o un familiar. Pueden ayudarte a descodificar lo que estás viendo. Trata de despejar tus propios pensamientos para permitir que brillen tus percepciones psíquicas. Puedes hacerlo a través de la meditación.

CLARIAUDIENCIA-OÍR. Si eres psíquico de este tipo, puedes oír al Espíritu hablándote. Las palabras no son tan claras como en una llamada telefónica y por lo general el médium tiene que juntarlas. Lo que le llega a menudo es rápido y desordenado, o puede ser una mezcla de voces que suenan como lo que pasa cuando tratas de sintonizar la frecuencia de una emisora de radio. Los mensajes más grandes vienen a través de las voces más pequeñas, así que sintoniza con las palabras que se te presenten. Intenta hacer preguntas a alguien que haya fallecido y escucha sus respuestas.

CLARISENSIBILIDAD-SENTIR. Ésta es la habilidad de sentir la presencia del Espíritu. Es posible que sientas un escalofrío en la columna vertebral o que no estás solo en una habitación. Incluso puedes sentir que alguien te observa. Si tienes estas sensaciones, puedes preguntar quién está contigo en la habitación e invitarlo a que se identifique. Por ejemplo, dile: «Mamá, si eres tú, hazme una señal para avisarme que estás aquí conmigo».

CLARICONOCIMIENTO-SABER. Si eres psíquico en este sentido, sólo «sabes cosas» sin ninguna información previa. Esto se describe frecuentemente como un destello de comprensión, una premonición o una comprensión repentina que surge de la nada. Si tienes este don, eres muy intuitivo y necesitas confiar en tu instinto, así que, si sientes algo, actúa en consecuencia. La intuición es un «músculo psíquico»: cuanto más la escuchas, más fuerte se vuelve.

CLARIOLFATO-OLOR. Ésta es la habilidad de oler una fragancia que es transmitida por el espíritu. Puede estar relacionada con el espíritu que está enviando el mensaje, como oler cigarrillos o tabaco de pipa de alguien que fumaba, o captar un olorcillo del perfume favorito del alma. Cuando sientas este olor, piensa en la persona que te viene a la mente. Ésta es la forma más fácil de saber quién está contigo.

¿Tú «sientes» con alguna de estas habilidades? Ahora que estás familiarizado con las claris, presta atención a las percepciones y premoniciones que experimentes a lo largo de tu vida, y observa si has visto, olido, oído, sentido o sabido que el espíritu te estaba enviando un mensaje. ¡Haz un seguimiento de estos incidentes en un cuaderno y busca patrones!

# CAPÍTULO 2

## La verdad sobre el cielo

*«¡Cuando mueres, estás invitado a la reunión familiar más grande de todos los tiempos!».*

## ¿QUÉ PASA CUANDO MORIMOS?

La gente me hace esta pregunta muy a menudo, pero noto que se ponen nerviosos esperando mi respuesta. Creo que tienen un poco de miedo de saberla. Después de todo, el mayor temor de la mayoría de las personas es perder a un ser querido o morir. En realidad, ambas cosas. Hagamos esto menos estresante. Quita la palabra «muerte» y sustitúyela por «transición». «¿Qué pasa cuando haces la transición?».

En primer lugar, no eres sólo un cuerpo. Ni de lejos. En lo profundo de ti hay un alma, y esa alma es eterna (volveremos a ello más adelante). Teniendo esto en mente, hay algunas cosas que debes saber sobre la muerte.

### Entrar con calma en el más allá

Nadie va al cielo dando patadas y gritando. Cuando estás a punto de morir, los ángeles, los seres queridos y las mascotas que ya están en el otro lado te ayudan a guiarte a través de la transición. Algunos de ellos llegan pronto, y ésa es la razón por la que muchas personas parece que vean a sus seres queridos y tengan conversaciones con ellos antes de morir. Lo sé gracias a mi conexión con las almas del otro lado, pero las personas que han tenido una experiencia cercana a la muerte te dirán lo mismo. Éste es uno de los motivos por los que prácticamente nadie es igual después de una experiencia cercana a la muerte que antes de que pasara.

Cuando alguien fallece por vejez o enfermedad, los seres queridos lo visitan y lo preparan para la transición. Pero no siempre hay tiempo para eso. Cuando la muerte es repentina, como por culpa de un accidente de automóvil, la transición es instantánea.

Muchas almas me dicen que morir de repente fue como irse a dormir, excepto que se durmieron en la tierra y despertaron en el otro lado. Es como cuando eras un niño pequeño y te dormías en el coche. Tu padre te llevaba a casa y mágicamente te despertabas en tu cama. Para algunos es así: cierran los ojos y los abren en el cielo.

## Deja atrás las cosas malas

Las almas han explicado que ves un túnel de luz blanca cuando mueres. A medida que te acercas a la luz blanca, el miedo o la resistencia son sustituidos por una sensación de calma. En ese momento, ya no estás en tu forma humana. Pero a pesar de que tu cuerpo y tus posesiones quedan atrás, tu alma aún lleva consigo tu personalidad, tus recuerdos, tu sentido del humor y el amor en tu corazón. Por eso un médium puede ayudarte a reconocer a tu ser querido por sus recuerdos y su personalidad. De lo contrario, el médium te diría: «Tengo un ser hermoso, sereno, sin dolor ni preocupaciones». ¡Y no tendrías ni idea de quién es!

Cuando tu alma deja tu cuerpo, todo el dolor y la enfermedad quedan atrás. Aunque tus seres queridos en la tierra sientan la pérdida y estén tristes, en el otro lado hay un reencuentro gozoso con aquellos que fallecieron antes que tú. De repente todo lo que te ha pasado adquiere sentido. Sólo cuando mueres puedes ver el significado completo de tu vida.

# ¿DÓNDE ESTÁ EL CIELO?

El cielo es un mundo invisible hecho completamente de energía que está aquí mismo entre nosotros. Está en todas partes y en ninguna parte. Como la electricidad, está a nuestro alrededor, pero no podemos verlo. Para los vivos parece un lugar lejano, pero para nuestros seres queridos en espíritu, parece como si nunca hubieran dejado la tierra. Todavía están conectados a la tierra gracias a las personas que aman y cuidan.

Como médium, siento la presencia del cielo a mi alrededor. Algunas personas piensan que sus seres queridos están en el aire, en el cielo y en las nubes, pero están aún más cerca.

Es probable que estés pensando: «Está bien, Matt. Esto no es una respuesta. ¿Puedes ser un poco más claro acerca de dónde está realmente el cielo?». Todo lo que puedo decirte es esto. Si alguna vez has soñado con un ser querido que ha fallecido, entonces has tenido una idea de cómo es el cielo.

## El cielo no tiene límites

La gente me pregunta cómo pueden estar las almas en muchos lugares a la vez. Algunos maestros espirituales hablarían de física cuántica y explicarían que hay un continuo espacio-tiempo, ¡pero ni siquiera puedo afirmar esto! Me gusta hacerlo sencillo y decir que es como una conferencia telefónica. Las personas se encuentran en diferentes lugares y diferentes zonas horarias, vivas y muertas, pero pueden conectarse virtualmente. Y en este caso, pueden estar en muchas llamadas a la vez.

Otra forma de describirlo es con esta sencilla analogía. Todos estamos bajo un mismo Sol, y parece como si estuviera en nuestro jardín, pero en realidad gente de todo el mundo puede verlo.

El cielo es un lugar hecho enteramente de energía, y por eso nunca puede ser visto, alterado o destruido por los vivos. Soy médium, pero sigo siendo un ser físico. Mis impresiones y conocimientos sobre el cielo provienen de mi conexión con las almas que residen allí y no de mi experiencia personal.

# ¿CÓMO ES EL CIELO?

El cielo se puede comparar con algo que experimentas en sueños, porque puede ser cualquier cosa que quieras que sea. Un gran sueño va a ser diferente para todos, y con el cielo sucede lo mismo. Experimentarás tu propio paraíso rodeado de las cosas que amas.

Para algunos, el cielo es un lugar de paisajes ondulados, hermosas montañas y flores; para otros, es una ciudad mágica, una versión limpia e idealizada de una ciudad en la tierra.

## «Diseña el tuyo propio»

Tu idea del cielo va a ser diferente de la mía, porque las almas crean su propia versión que las hace felices, y ése es el espacio energético donde residen.

Sé que es difícil de entender, pero pienso en el cielo como un gran bloque de apartamentos. El edificio se ve igual por fuera, pero por dentro no hay dos unidades iguales. Cada planta puede ser diferente y cada piso está decorado con su propio estilo único. Ésa es la razón por la cual la religión fluye tan armoniosamente en el cielo. Todos pueden tener una religión diferente y una idea diferente del cielo, y eso es lo que experimentan cuando mueren, pero todos están en el mismo «lugar».

Y he aquí otra locura: puedes estar con un ser querido en el cielo, juntos, y ambos percibiréis vuestro entorno de maneras diferentes.

## El sueño de un pescador

Hice una lectura a una mujer cuyo marido era pescador. Cuando conecté con él, estaba en un barco en medio del océano, haciendo lo que más le gustaba. Su mujer estaba un poco asustada porque quería estar con él cuando se muriera, «¡pero no en un cielo de pescadores!». Le tuve que explicar que podría seguir a su lado, aunque él tuviera su propia versión del cielo. Lo bueno del cielo es que no tienes que comprometerte, porque todos consiguen lo que quieren.

Algunas personas no quieren que nada sea diferente de lo que tenían en la tierra. Muchas almas no abandonan la casa en la que vivieron toda su vida. Amaban su hogar, así que se lo llevaron y lo convirtieron en su paraíso. Pasa lo mismo con la ropa y las joyas. Las almas se manifiestan llevando su anillo de bodas, aunque el anillo real permanece aquí en la tierra. No importa que el anillo se haya vendido, que esté guardado en una caja de seguridad o que su hija lo lleve puesto.

Eso no significa que haya un joyero en el cielo. Así como nos mostramos con ropa y accesorios en la tierra, en el cielo reflejamos las cosas que son importantes para nosotros. Una abuela a la que le encantaba tener a toda su familia comiendo en casa el domingo, podría mostrarse con un delantal porque simboliza quién era ella en vida y qué le gustaba. ¿Quién sería Michael Jackson sin su guante blanco? Puedes estar seguro de que, si se manifestara a un médium, lo llevaría puesto.

## ¿LA GENTE EN EL CIELO TIENE TRABAJO?

Las almas no tienen trabajos en el sentido tradicional, pero todos tenemos un propósito que no termina cuando morimos. No hay Starbucks, Macy's o Dunkin' Donuts en el más allá, pero las almas tienen trabajos divinos que pueden clasificarse como el trabajo de Dios. Los difuntos a menudo tienen la tarea de ayudarnos a afrontar con éxito los mismos desafíos a los que ellos mismos se tuvieron que enfrentar en vida.

Una vez conecté con un alma que había vivido y muerto asolada por una adicción y había dejado amigos y familiares con el mismo problema. Cuando falleció, velar por ellos se convirtió en su trabajo. En su caso, eran personas que conocía, pero no tiene por qué ser así. También podría haber recibido la tarea de ayudar a extraños.

### El «empujoncito» que nunca deberías ignorar

Cuando surge este tema, me hacen muchas preguntas, por lo general del tipo «¿Cómo es esto posible?» o «¿Cómo lo hacen?». Es difícil imaginar cómo un alma en el cielo puede cambiar nuestras vidas terrenales.

Bueno, no bajan en picado montados en un caballo blanco ni aparecen con alas de ángel. Por el contrario, intervendrán de una manera muy sutil dando un empujoncito a una persona en la tierra en la dirección correcta.

Si una persona tiene pensamientos suicidas, un alma puede ver lo que está pasando y alertar a un miembro de la familia. A menudo, los empujarán a controlar a esa persona y evitar un acontecimiento catastrófico. A esto lo llamamos intervención divina, y es un esfuerzo conjunto entre un alma en el cielo y una persona en la tierra. Por eso no debes dejar a un lado esos pensamientos o esos impulsos aleatorios para comunicarte con alguien, sin importar lo extraño que pueda parecer.

En algunos casos, la intervención divina va directamente a la persona en peligro, ofreciéndole consejo para sacarla de una crisis. La persona que ha sido ayudada podría tener la sensación de que algo de otro mundo la estaba guiando. Varias personas han acudido a mí para hacer una lectura sólo porque experimentaron algo que las hizo retrasarse misteriosamente y evitaron un accidente u otra catástrofe. Saben que sucedió algo extraordinario y están buscando la confirmación de ello o quieren dar las gracias.

## ¿Coincidencia o intervención divina?

Una amiga me contó esta historia y me preguntó si yo creía que era una intervención divina. ¡Estoy bastante seguro de que lo fue! Un día estaba conduciendo, haciendo recados, y sintió una fuerte necesidad de ponerse en contacto con una vecina con la que no había hablado en años. Las dos mujeres habían tenido una pequeña discusión y se habían distanciado. Cuando su vecina contestó al teléfono, se sorprendió: «¡No puedo creer que me hayas llamado justo ahora!».

Resultaba que la mujer estaba junto a su madre, quien lamentablemente había fallecido horas antes en su piso. El propietario la había llamado porque la bañera en la que estaba bañándose la anciana había se había desbordado y había inundado el piso de abajo, y cuando abrió la puerta, encontró el cuerpo de su madre en la bañera. Fue una experiencia horrible, y necesitaba desesperadamente escuchar una voz amigable mientras esperaba que llegara el forense. ¿Fue una coincidencia que mi amiga sintiera la necesidad de llamar inesperadamente a su antigua vecina? ¡Ambas mujeres coincidieron en que esta llamada se tenía que producir exactamente cuando se produjo!

Las almas en el cielo también pueden ayudarnos de otras maneras. Pueden ser mentores espirituales que nos presentan a las personas que debemos conocer, nos guían a través de desafíos que nos harán más fuertes y nos animan a seguir nuestro verdadero camino.

Las almas del cielo también pueden ayudarnos de otras maneras. Pueden ser mentores espirituales que nos presentan a las personas que debemos conocer, nos guían a través de desafíos que nos harán más fuertes y nos animan a seguir nuestro verdadero camino.

Tu ser querido puede ayudarte, pero su misión también podría ser ayudar a un completo extraño. Cuando alguien fallece, su vida en la tierra termina, pero su alma continúa evolucionando, ayudando a otra persona a que evite cometer los mismos errores o inspirándola para lograr la grandeza. Cualquiera que sea la tarea que le espera a tu ser querido, puedes estar seguro de que también te vigilará y que, como mínimo, te enviará amor.

## ¿ME ECHA DE MENOS MI SER QUERIDO?

La respuesta corta es no, pero cada vez que digo esto, la gente se enfada mucho. Piensan que como la persona no los echa de menos ahora, no los quería cuando estaba viva. Pero eso no es cierto.

¡No te echa de menos porque está contigo! De hecho, tu ser querido tiene una butaca en primera fila en tu vida y, por raro que parezca, en realidad está más cerca de ti una vez que ha fallecido que cuando estaba vivo.

Piensa en todo lo que haces. ¿Tu viaje al trabajo de cada mañana? Está a tu lado. Cuando estás trabajando en tu despacho, está ahí. Está contigo cuando estás desayunando. Incluso cuando vas al baño (pero no nos gusta hablar de eso, je, je, je).

Cuando muere un ser querido, las personas que deja atrás lo sienten como la máxima distancia. En cambio, para el fallecido es todo lo contrario. Se siente cercano y conectado, y no sólo con una persona. Está conectado con todos los que le importan. Están contigo en los buenos tiempos, en los malos tiempos y en todos los tiempos intermedios.

## Elige la vida por encima del dolor

Lo último que quiere tu ser querido es que llores por él, porque no se ha ido y no quiere que tu dolor te impida ser feliz y disfrutar de la vida.

Como médium que soy, lo único que siempre me dicen los muertos es que no quieren que perdamos tiempo de nuestra vida para llorarlos. Una y otra vez me piden que transmita el mismo mensaje: «Siempre estoy a tu lado».

## Visitas de la abuela

La primera vez que oí este mensaje me lo transmitió mi propia abuela. Esto es lo que pasó.

Cuando tenía cuatro años, mi abuela murió. Yo no entendía qué estaba pasando porque estaba tan conectado psíquicamente con ella que todavía la sentía viva.

Mi abuela me estuvo visitando durante mucho tiempo después de su muerte. Siempre venía por la noche una vez que mi madre se había ido a dormir.

Le conté a mi madre las visitas y se sorprendió de que la abuela no se acercara también a ella. Antes de que muriera mi abuela, mi madre le había suplicado que volviera y la visitara, así que esperaba que lo hiciera. Pero mi abuela nunca visitó a mi madre, y, sin embargo, siguió viniendo a visitarme. Sé que mi madre estaba dolida por esto, pero no había nada que pudiera hacer.

Entonces, un día me desperté con un mensaje de mi abuela para mi madre. Me dijo que mi madre se estaba ahogando en el dolor y no la dejaba ir. Eso era lo contrario de lo que quería la abuela: «Dile a tu madre: tienes una familia que cuidar; por favor, tienes que seguir adelante y vivir tu vida».

Le pregunté a mi abuela por qué no le decía eso a mi madre y me dijo que no sería bueno para mi familia. Dado que mi madre siempre había confiado en mi abuela para todo, la abuela temía quedar demasiado atrapada tratando de conectarse con ella en espíritu.

No me acuerdo mucho de lo que pasó cuando se lo expliqué, excepto que mi madre se puso a llorar. Yo estaba feliz de que finalmente me hubiera escuchado y hubiera aceptado el mensaje.

Éste es un ejemplo perfecto de por qué a veces las almas no se manifiestan a un médium o no se muestran de otras maneras. Saben cuándo es probable que te obsesiones y no dejarán que esto pase. Recuerda: ellos saben lo que es mejor para ti y quieren que vivas tu mejor vida.

Algunas personas que están de luto quieren verme todas las semanas para conectarse con su ser querido. Sin embargo, las almas en el cielo nunca quieren verte yendo a un médium todo el tiempo. No tiene sentido ir con demasiada frecuencia, no aprenderás nada nuevo y te impide superarlo.

## ¿VERÉ A MI MASCOTA EN EL CIELO?

Sí, las mascotas van al cielo y allí se unen a amigos y familiares. Hay una razón por la que tus mascotas se comportan como una familia: porque tu alma reconoce el alma que hay dentro de ellas. Aunque pertenecen a una especie diferente, el alma de un animal no es muy diferente de la tuya. Sienten dolor, miedo y soledad, pero lo más importante de todo, son capaces de experimentar y sentir amor.

### *Ángeles con pelo, plumas y escamas en la tierra*

Todos hemos visto u oído hablar de mascotas que hacen cosas asombrosas que parecen estar más allá de lo que un animal es capaz de hacer. ¡No es tan sorprendente! En algunos casos, los ángeles y las almas llegan a nuestras vidas en forma de mascotas para brindarnos ayuda y apoyo. Pueden desempeñar el papel de perro guardián, de perro lazarillo, de mejor amigo, de compañero o de protector. Esto no sólo se aplica a perros y gatos, sino que he visto todo tipo de mascotas colocadas aquí como guías terrenales: conejos, conejillos de Indias, caballos… ¡y una vez incluso una serpiente!

Lo que aún es más sorprendente es que en el cielo, las mascotas siempre aparecen con familiares y amigos. Recuerda que no son sólo los que han muerto recientemente, sino que tu mascota de la infancia todavía está por aquí.

### «¡Me llevo mi pájaro!»

Una vez estaba haciendo una lectura para una mujer y se me manifestó su hermana. Le dije: «¡Vas a pensar que estoy loco, pero tu hermana me ha dicho que ha venido para llevarse su pájaro al cielo!».

Su hermana tenía un loro preferido y después de su muerte, ella se había hecho cargo de su pájaro. Nunca había querido un pájaro como mascota, y este loro tan ruidoso la volvía completamente loca. ¡No podía hacer que se callara! Lo llevaba por toda la casa para intentar que dejara de hablar, y un día la mujer se despertó y todo estaba en silencio.

Horrorizada, se dio cuenta de que el loro había muerto. Se sintió fatal porque pensaba que le había fallado a su hermana. Pero la hermana se le acercó para hacerle saber que se había llevado el alma al cielo.

Esto no es raro. Una mascota puede morir inesperadamente porque su propietario ha venido para llevarse su alma a casa.

Las mascotas pueden rompernos el corazón porque sus vidas son mucho más cortas que las nuestras. A mi modo de ver, tienes dos opciones. ¡Elige una tortuga gigante o un guacamayo como mascota, o consuélate con el hecho de que tu querida mascota estará contigo toda la eternidad!

## ¿TODO EL MUNDO SE LLEVA BIEN EN EL CIELO?

El cielo es un lugar donde todas las almas están juntas en paz. Pasar por encima es como pasar por el control de seguridad en el aeropuerto. Para poder subir al avión, debes dejar el agua, quitarte los zapatos y dejar cualquier objeto afilado. De la misma manera, cuando vas al cielo, tienes que deshacerte de emociones pesadas como la ira, el miedo, la desconfianza y los celos. ¡No pueden pasar! Si pasaran, el cielo no sería un lugar de paz. Parte de pasar al cielo va de perdonar. De perdonar a las personas que te han hecho daño y de soltar las cosas que te han provocado ira y resentimiento.

## No se necesitan acuerdos de custodia

¡Las almas del otro lado tienen que ver con el amor! Éste es el motivo por el cual los padres se unirán a sus hijos, aunque se hubieran separado mucho antes de morir.

Esto no significa que tus padres se hayan vuelto a casar en el cielo. Significa que sus viejas quejas terrenales han desaparecido. Cuando los padres se divorcian, hay acuerdos de custodia, pero esos acuerdos no están vigentes cuando mueren. No son necesarios, porque tus padres están unidos en su amor por ti.

Por supuesto, cuando digo que los padres están ahí para los niños que han dejado atrás, incluye a cualquier tipo de padre o tutor: adoptivo, padrastro, mentor, abuelo, ¡lo que sea!

Es casi como Facebook, porque al final todo el mundo está conectado. Ves fotografías de personas que nunca has conocido que están conectadas con personas que conoces. Lo mismo sucede en el cielo. Cuando mueres, tienes una conexión divina con todos los del otro lado –bisabuelos, antepasados antiguos, personas que nunca antes habías conocido– a los que de repente «conoces».

Supongo que se podría decir que el cielo es como *Cheers*. Todo el mundo sabe tu nombre.

## ¿ESTÁN MIS SERES QUERIDOS EN EL CIELO PREOCUPADOS POR MÍ?

La gente se me acerca pensando que, si sus seres queridos los están cuidando, ¡deben estar muy preocupados por todo lo que está pasando! La respuesta a esto es no. Tus seres queridos se encuentran en una posición única para anticipar lo que sucederá en tu vida mucho antes que tú. Independientemente de cuál sea el desafío por el que estés pasando –una crisis laboral, un divorcio, un problema de salud, problemas financieros–, pueden ver la luz al final del túnel. Saben que todo saldrá bien, de una forma u otra. Por eso nosotros nos preocupamos y ellos no.

Recuerda, es como si pasaran por un filtro que elimina el miedo, las preocupaciones, el juicio y la negatividad del otro lado, y se quedan con la energía más positiva, por lo que perciben lo que estás pasando de manera diferente.

A veces nos centramos en el reto que tenemos entre manos y nos ponemos nerviosos, y tal vez incluso lleguemos a perder la esperanza.

Pero incluso durante los momentos más difíciles, tus seres queridos pronostican lo bueno que puede pasar. Por ejemplo:

- Cuando te estás enfrentando a un divorcio doloroso y todo lo que puedes ver es el dolor y los problemas, miran más allá y te ven conociendo a tu alma gemela.
- Si tienes un problema de salud y te imaginas lo peor, tus seres queridos te ven sano y animado.
- Tal vez has perdido el trabajo y te preocupas por poder pagar las facturas; en cambio, tus seres queridos te ven encontrando un trabajo que te aporta felicidad.
- Si ha llegado tu momento y tienes miedo de morir, tus seres queridos saben que podrán ayudarte en ese viaje hacia el otro lado.

Las almas en el cielo se han enfrentado a la muerte, el miedo máximo, y la ven como la transición natural que es. Por eso se nos presentan en sueños y nos envían señales. Quieren animarnos a seguir adelante.

Tener una perspectiva positiva es una de las muchas lecciones que he aprendido de los muertos, y la he compartido con mi audiencia una y otra vez. En lugar de esperar a fallecer, puedes deshacerte de tus emociones negativas antes de morir. ¡Nadie intentará impedírtelo y te aseguro que serás mucho más feliz!

La vida es como la mires. Cuando abordas las cosas con miedo y preocupación, tiñe toda la experiencia de manera negativa. En cambio, si puedes abordar la vida con confianza, compasión y optimismo, la disfrutarás mucho más.

Una cosa más. ¿Cuántas veces nos preocupamos por cosas que nunca pasan, o que si pasan, resultan tener un resquicio de esperanza? ¡Desde su perspectiva celestial, tus seres queridos pueden ver todo esto, y por eso no se preocupan por ti!

## ¿QUÉ IDIOMA HABLAN EN EL CIELO?

No hay traductores espirituales. No son necesarios, porque el lenguaje del espíritu es universal. En el cielo, todos pueden entenderse, y eso va más allá de la comunicación humana. Las almas de los seres humanos y de los animales también pueden hablar entre sí.

Por eso, como médium puedo trabajar con clientes de todo el mundo y hago lecturas a personas que no hablaban el mismo idioma en vida. Pero no me malinterpretes, sigo siendo un ser vivo y no me comunico con las almas de la misma manera que ellas se comunican entre sí.

### *Juntando las piezas*

La forma en que hablan las almas es diferente cuando se manifiestan a un médium. Cuando transmiten un mensaje a través de mí, utilizan todo mi cuerpo para comunicarse. No oigo frases completas, ni conversaciones completas. Son fragmentos, imágenes e impresiones que reúno para formar un mensaje.

No se manifestará el ser querido y me dirá «Dile a mi hija que veo su nueva casa en Blueberry Lane», sino que me mostrará imágenes de esa casa, incluyendo qué aspecto tiene, dónde se encuentra o qué hay a su alrededor. Me mostrará a la familia viviendo en la casa. Por lo general, también oiré algunas palabras. Entonces, basándome en todo esto, puedo decirle a la persona que su madre ve dónde vive y cómo se siente al respecto.

Las almas son muy ingeniosas a la hora de transmitir un mensaje, pero lo único que es difícil de traducir son los nombres que no me son familiares. Las almas lo saben y tratan de compartir cosas utilizando mi marco de referencia. Por ejemplo, si una persona tiene un nombre extraño o extranjero que quizás no entienda, como Frangelica, podría pronunciarlo de una manera con la que esté más familiarizado, como Angélica. Por eso a veces los nombres que recibo suelen ser muy parecidos, pero no exactamente idénticos.

En mi caso, cuando el Espíritu habla, es como si me susurrara al oído. De vez en cuando, añade una palabra de un idioma diferente que puedo transmitir a la persona a la que le estoy haciendo la lectura.

Muchas veces, los mensajes realmente no significan nada para mí. No sé a qué se refiere el alma, pero cojo lo que siento, percibo, veo y oigo, y lo combino de una manera que cuenta una historia que la persona que recibe el mensaje puede entender.

## Cerrando la brecha lingüística

Hace un tiempo, durante una gira hice una lectura a una mujer del público. Le estaba entregando un mensaje detallado de su madre. Cuanto más compartía lo que decía su madre, con más incredulidad me miraba la hija. Finalmente, en plena lectura, le pregunté a la madre en espíritu: «¿Cómo es que su hija no me está ratificando lo que le estoy explicando?».

La madre me dijo que nunca había hablado inglés cuando estaba viva y que a su hija le costaba aceptar que en realidad me estaba comunicando con ella. Le dije a la mujer que su madre podía ver que no me creía porque su madre no hablaba inglés. La mujer del público pensó que le estaba leyendo la mente, ¡pero esas pocas palabras de su madre cerraron el trato! Pudo aceptar los mensajes de su madre, y ese día todo el público aprendió algo nuevo sobre el idioma del cielo.

Dado que es probable que los muertos envíen señales a los vivos en lugar de hablarles directamente, el idioma no es un problema que surja a menudo. Así pues, por ahora, busca signos y señales, y ten presente que cuando fallezcas, podrás comunicarte en el lenguaje universal del Espíritu. Y eso incluye hablar con tu anciana bisabuela italiana, tus antepasados de Suecia o tu basset hound.

# ¿CUÁL ES LA «RELIGIÓN OFICIAL» DEL CIELO?

¡No hay ninguna! El cielo no es un lugar que está separado por la religión. Todos llegamos al mismo lugar, independientemente de la fe. Cuando falleces, no es como un aeropuerto con una terminal para cada religión en la que hacer el *check in,* sino que todo el mundo va al cielo, aunque la persona no crea en ninguna religión.

## Política de «puertas abiertas» del cielo para todas las religiones

Una vez estaba haciendo un evento de mediumnidad cuando sentí a un hombre de pie detrás de su hija. Estaba decidido a hacerle llegar un mensaje: «¡Dile que estoy aquí, en el cielo!». Él nunca había creído en un poder superior o en el cielo cuando estaba vivo, y quería que ella supiera que, a pesar de su falta de fe, lo había conseguido. Me dijo que él y su hija habían discutido antes de morir. ¡Ella creía en el cielo y en el más allá, y él no creía en nada de eso! Pero él entonces le hizo una promesa: «¡Si me equivoco y hay un cielo, encontraré la manera de hacértelo saber!». Ninguno de nosotros sabía que me iba a utilizar para hacerle llegar este mensaje. En el momento en el que le transmití su mensaje, empezó a sentir escalofríos. Estaba contenta de tener la confirmación de que había un cielo, además de que pudo dejar a un lado la preocupación de que, como su padre no era creyente, no llegaría al cielo.

El cielo no sólo no discrimina por religión, sino que he aprendido como médium que independientemente de qué religión seas, tus seres queridos siguen el mismo camino.

Personas de diferentes religiones pueden ver el cielo de manera diferente. Siempre será el cielo correcto para ellas, y al igual que hay diferentes versiones del cielo que coexisten, las diferentes religiones también pueden coexistir en él.

Soy católico de nacimiento y ahora me considero más espiritualista. En mi despacho tengo figuras de Buda, Ganesha y la Virgen María, y cada una de ellas me aporta una sensación de paz. He aprendido mu-

cho estudiando las diferentes religiones y creo que hay algo que aprender de cada una de ellas. Visito diversos lugares de culto de vez en
cuando. Surge una conexión maravillosa cuando las personas adoran y
rezan juntas. Mucha gente cree que la oración es la mejor manera de
conectar con el cielo. Estoy de acuerdo, pero esa oración puede ser
cualquier cosa, desde un himno, un poema o un versículo de la Biblia,
hasta simplemente dedicar un minuto para pronunciar unas palabras
amables o apreciar las maravillas de la naturaleza.

# MÁS A FONDO

## *Visualiza tu «cielo personal»*

---

¿Qué aspecto tiene el cielo para ti? Si pudieras crear tu propio lugar perfecto, ¿cómo sería?

Como has aprendido en este capítulo, todos tenemos nuestra propia versión del cielo. Sé que es un poco difícil de entender, pero comencemos imaginando cómo será tu cielo mientras todavía te encuentras en este mundo.

A continuación, encontrarás una plantilla que te guiará mientras te imaginas tu propio lugar especial. Dedica el tiempo necesario para visualizarlo y deja que tu mente divague. Diviértete rellenando los espacios en blanco.

Antes de comenzar, respira hondo unas cuantas veces y despeja tu mente. Deja ir la lógica y trata de aprovechar la parte más verdadera de ti. Libera tus pensamientos cotidianos e imagínate en un lugar perfecto diseñado sólo para ti. Mira a tu alrededor y hazte las siguientes preguntas:

- Cuando te imaginas tu entorno perfecto, ¿te encuentras dentro o fuera?
- ¿Qué hay a tu alrededor? ¿Puedes ver edificios, montañas, el océano?
- ¿Qué época del año es? ¿Está nevando, lloviendo o hace Sol?
- ¿Ves gente? ¿Están lejos o por el contrario están junto a ti?
- ¿Quiénes son esta gente y qué están haciendo?

- ¿Hay animales a tu alrededor? ¿Dónde están y cuál es tu conexión con ellos?
- ¿Qué estás haciendo? ¿Estás sentado en silencio o haciendo algo como pescar o jugar a los bolos?
- ¿Qué llevas puesto? ¿Llevas una sudadera o bien un esmoquin?
- ¿El espacio en el que te encuentras te resulta familiar, como tu propia casa o algún lugar que has visitado, o por el contrario es un lugar que te has imaginado?
- ¿Cómo te sientes? Abre tu mente y visualiza un lugar en el que sientas emociones positivas. Puedes sentirte alegre, tranquilo o inspirado, ¡pero tu propio espacio perfecto tiene que hacerte sentir bien!

Ahora que has imaginado tu propia idea del cielo, pídele a un amigo que haga el mismo ejercicio y compara las notas. Probablemente encontrarás que tu visión y la de él son muy diferentes, ¡y ése es el fondo! Es como ya he dicho antes: al igual que puedes vivir en un piso que está decorado y pintado de manera muy diferente al de tu vecino, en el cielo también estás rodeado de otras personas que viven en sus propias versiones de cielo.

Una vez que has decidido tu propio paraíso personal, toma algunas notas o haz un dibujo para fijar la visión en tu mente. Probablemente descubras que imaginarlo te aporta una previsualización del cielo que te resulta placentera y te ayuda a sentirte más cerca de los seres queridos que han fallecido.

# CAPÍTULO 3

## Ángeles, señales y visitas de espíritus

*«Incluso cuando no los sientes, tus seres queridos siempre están a tu lado, guiándote, dirigiéndote y cuidándote».*

Muchas personas se sienten fascinadas por los ángeles y los guías espirituales, ¡y no es de extrañar! La vida puede suponer todo un reto, y casi todos podríamos beneficiarnos de tener una presencia celestial que nos cuide y nos guíe. Pero es raro ver un ángel en tu vida cotidiana. Entonces, ¿cómo sabes cuándo estás recibiendo orientación, ánimos y protección de una fuente divina? Antes de entrar en detalles, permíteme comenzar con una historia…

Tengo un buen amigo que está metido en el negocio del *marketing*. Llevaba bastantes años en la misma empresa cuando comenzó a sentir que era hora de un cambio. Quería a los compañeros de su trabajo, y ellos le querían a él, pero estaba aburrido de hacer lo mismo todos los días y sentía que su carrera se había estancado. Empezó a buscar nuevas empresas y encontró una oportunidad que parecía demasiado buena para ser realidad. La oficina estaba a poca distancia de su casa, el horario era perfecto y el sueldo era superior al que estaba ganando en aquel momento. Estaba tan entusiasmado que solicitó el trabajo de inmediato. No pensaba que lo llamarían, pero al cabo de una semana, todo el equipo lo llamó y lo entrevistó.

Después de la entrevista final, regresó a casa con una oferta de trabajo y una carpeta llena de papeles para rellenar, adornados con el inusual logotipo de un pulpo de la nueva empresa.

A pesar de su entusiasmo, tenía la sensación persistente de que todavía no debía presentar la renuncia. Pasaron unos días y seguía sin atreverse a comunicar la noticia a su jefe.

Una tarde, salió a dar un paseo por la playa con la esperanza de aclarar su mente para poder seguir adelante con su plan. Era una tarde hermosa y el Sol comenzaba a ponerse. En la luz dorada vio algo que hizo que se detuviera. Era un cartel con una imagen que le parecía extrañamente familiar. El cartel decía «Cuidado con el pulpo» y el pulpo del cartel coincidía con el del logotipo de su nueva empresa. Tenía el presentimiento de que se trataba de una advertencia que no debía ignorar.

Preocupado porque pensaran que estaba loco, no le contó a nadie lo del cartel, pero no informó a su empresa y no aceptó el nuevo trabajo. Cuando un mes después llegó la pandemia de la COVID-19, la empresa que él había rechazado se vio muy afectada, perdió clientes y acabó cerrando sus puertas. En cambio, su empresa ofrecía sus servicios a clientes que estaban más ocupados que nunca durante la pandemia. La empresa prosperó y acabó siendo ascendido. Hizo un dibujo del cartel de «Cuidado con el pulpo» y lo mantuvo en su escritorio como recordatorio de la intervención divina que lo había ayudado a evitar un fracaso profesional.

## ¿SON REALES LOS ÁNGELES?

Sí, los ángeles son reales. De hecho, hay ángeles sentados a tu lado justo en este momento.

¿Por qué están ahí? Bueno, eso depende de tus necesidades.

Hay diferentes tipos de ángeles. Hay ángeles de la guarda que te vigilan y te protegen. Hay arcángeles, que ocupan el lugar más alto en la jerarquía de los ángeles. Y hay ángeles con trabajos divinos que aparecen en tu vida con un propósito específico.

## Tu ángel de la guarda: contigo de por vida

Puede que no te des cuenta de ello, pero en realidad pasaste tiempo con tu ángel de la guarda antes de nacer, porque te lo asignaron justo antes de iniciar tu viaje en la tierra.

Los ángeles de la guarda son como los orientadores profesionales del cielo. Son seres divinos y supremos que te ayudan a superar los mayores desafíos y tragedias de la vida. Están contigo cuando estás ansioso, solo o deprimido, o cuando pierdes toda esperanza. Es posible que hayas sentido a tu ángel como una voz suave que te dice que sigas adelante cuando la vida se pone complicada, o puede que se presente en medio de una tragedia con la sensación tranquilizadora de que todo saldrá bien.

Cuando estás en problemas, los ángeles llegan corriendo. Por ejemplo, la gente me pregunta qué pasa cuando alguien muere solo por culpa de un terrible accidente. ¿Siente dolor y miedo, o es consciente de lo que está pasando? Es reconfortante saber que, incluso en los peores momentos, no estás solo. Ahí es donde entra tu ángel. Antes de que tengas la oportunidad de sufrir, te lleva al cielo. Al entrar en el cielo, pasas tiempo con tu ángel de la guarda tal como lo habías hecho antes de nacer.

Mucha gente me pregunta si su padre o su abuela es su ángel de la guarda. No exactamente. Aunque también velan por ti, juegan un papel diferente como miembro de tu equipo espiritual.

## Ángeles en la tierra

Basándome en lo que he oído tanto de los vivos como de los muertos, estoy convencido de que los ángeles toman la forma de personas reales cuando es necesario.

No hace mucho, una amiga compartió un encuentro que ella está segura de que fue una intervención divina. Años antes, después de enterarse de que el hombre con el que estaba comprometida la iba a dejar por otra mujer, se subió a su automóvil y se fue de la casa que compartían. Desesperada y sola, contempló conducir su automóvil hacia una albufera cercana. Mientras aceleraba por la carretera, vio unas luces intermitentes detrás de ella. Cuando se detuvo, un policía se acercó a ella, pero en lugar de pedirle la documentación, la miró con compasión y le preguntó qué le pasaba. «Le conté todo lo que había pasado y él se limitó a escucharme con la mirada más amable en su rostro». Al poco tiempo, su desesperación fue reemplazada por un sentimiento de esperanza. «¿Tienes algún lugar a dónde ir?», me preguntó dulcemente. Él la siguió hasta la casa de una amiga, y cuando ella llegó sana y salva, se fue. Ella se había fijado en el nombre de su placa y al día siguiente llamó a la comisaría de policía para darle las gracias. Por extraño que parezca, no se sorprendió cuando descubrió que no había ningún oficial con ese nombre. Había percibido que su policía no era lo que aparentaba ser, y cuando no pudo localizarlo, reforzó sus suposiciones.

Éste es un ejemplo de un tipo diferente de encuentro con un ángel…

Esto sucedió en mi propia familia. Mi madre acababa de pasar por un momento difícil y se sentía terriblemente deprimida y sin esperanza. Se había casado joven y se había divorciado poco después. Tenía problemas para conocer a otras personas y estaba empezando a perder la esperanza de tener un matrimonio feliz y formar una familia. Mi abuela, que era psíquica, animó a mi madre a rezar a su ángel de la guarda para que le pusiera a la persona adecuada en su vida. Mi madre lo intentó, pero no sucedía nada. Finalmente, mi madre dejó de rezar a pesar de que mi abuela seguía presionándola.

Un día mi madre llegó a casa del trabajo y fue a su dormitorio a cambiarse de ropa. Para su sorpresa, vio un rosario colgando sobre su cama. Pensó que era otro intento de mi abuela para animarla a rezar. Estaba cansada de que mi abuela la presionara, así que se quedó de pie junto a la cama para arrancar las cuentas del rosario. Para su asombro, su mano no tocó ningún rosario. Resultaba que la luna brillaba a través de las persianas de la ventana, creando una sombra en forma de cuentas de rosario. Cuando mi madre se dio cuenta de esto, su ira se transformó en asombro. Sabía que era una señal del cielo. Mi abuela le había dado a mi madre un consejo que no estaba siguiendo, así que su ángel volvió a intentarlo con las cuentas.

Mi madre recuperó la fe. Empezó a rezarle a su ángel de la guarda y, poco después, conoció a mi padre y tuvo la familia que siempre había querido tener. Hasta el día de hoy, está convencida de que su ángel de la guarda se lo trajo.

## ¿QUIÉNES SON MIS GUÍAS ESPIRITUALES?

Tus guías espirituales, como tus ángeles de la guarda, te son asignados cuando naces. Puede haber uno o muchos que estén especialmente cualificados para el trabajo. Se entrenan durante centenares de años para aprenderlo todo sobre ti y la vida que estás a punto de vivir, y comienzan a trazar tu destino mucho antes de que nazcas. Tus guías espirituales fueron alguna vez personas vivas aquí en la tierra, y una vez fallecidas, asumieron la tarea divina de guiarte.

### *Sigue el camino correcto… aunque te lleve toda la vida*

Su trabajo principal es asegurarse de que sigas el camino de tu vida y vayas aprendiendo lecciones por el camino. Puede haber desvíos y retrasos, porque tienes libre albedrío, pero tus guías te empujarán de nuevo al rumbo correcto. Son responsables de que conozcas a las personas que necesitas conocer y te guían hacia oportunidades en tu vida.

Tus guías no sólo te ayudan a comenzar, sino que también hacen todo lo posible para que sigas avanzando. A veces eso no es fácil. ¿Alguna vez has sentido como si estuvieras en la misma situación una y otra vez con respecto a las relaciones, los negocios o el drama familiar? Te preguntas: «*¿Dónde está mi guía espiritual? ¿Por qué sigo* una y otra vez metiéndome en el mismo follón?». Tus guías no pueden con todo. Te darán la oportunidad, pero depende de ti aprender lecciones de vida y cambiar cosas. Cuando lo hagas, tu guía te ayudará a pasar a la siguiente página de tu viaje.

## ¿Coincidencia? No lo creo…

¿Alguna vez has oído que nada en la vida es casualidad? Es cierto, sobre todo cuando se trata de personas. Todas las personas que conoces en tu vida, tanto buenas como malas, se cruzan en tu camino por algún motivo. No hay encuentros casuales. Pueden enseñarte lecciones de vida valiosas o brindarte amor y amistad. Otras te muestran lo que no se debe hacer. Tus guías espirituales son responsables de presentarte a las personas que mejorarán tu vida y te ayudarán a aprender y crecer.

A veces, te desviarás un poco del rumbo y tus guías te presentarán a alguien que te ayudará a corregirlo. Para mí, esto involucró mi carrera profesional. Quería ayudar a la gente y pensé que eso implicaba ser técnico de emergencias médicas. En ese momento, había dejado de lado mi don de mediumnidad. Estaba trabajando como técnico de emergencias médicas, pero mis guías sabían que ésa no era mi verdadera dirección. Me presentaron a un médium psíquico a través de un encuentro casual y cambió totalmente el curso de mi vida. De repente, vi que lo que pensé que era el camino de mi vida, claramente no lo era. Mis guías me mostraron una nueva forma de ayudar a las personas para que pudiera vivir la vida que estaba destinado a llevar.

Mis guías espirituales me devolvieron al principio para que redescubriera mi don. Y en el momento en que comencé mi camino como médium psíquico, pude sentir que el cielo me ayudaba. La gente hablaba de mis lecturas, la voz viajó y lo siguiente que supe fue que salía en las noticias y en los medios de comunicación. Todo encajaba y supe que mis recesos «afortunados» eran en realidad obra de mi guía espiritual.

## Sabrás cuando estás yendo en la dirección correcta

Al mirar hacia atrás, puedo ver que, si hubiera seguido siendo técnico de emergencias médicas, habría sido un camino de dificultades. Siempre sabes cuándo te encuentras en el camino correcto porque las sincronicidades suceden a tu favor. No me malinterpretes, todavía tienes que esforzarte. Pero cuando te encuentras en el camino correcto, tu guía espiritual está allí contigo, ayudándote a hacer que las cosas pasen.

A veces, tus guías te mostrarán cosas que no quieres que pasen en tu vida, pero hacerlo te motivarán a cambiar.

Por ejemplo, tenía una amiga que siempre salía con el mismo tipo de hombres. Todo el mundo podía ver que estas relaciones no iban a ninguna parte, excepto ella. ¡Seguro que todos tenemos un amigo así! Finalmente, se me acercó y me preguntó por qué nunca podía llegar a tener una relación importante. Le hice saber que no hacía caso de las señales. Le presentaban buenas personas, cortesía de sus guías, pero siempre elegía las manzanas podridas. Le dije que era hora de romper los esquemas. Le aconsejé que saliera de su círculo, pasara tiempo en lugares nuevos y siguiera un camino diferente, pero, sobre todo, ¡que estuviera atenta a las señales! Prometió intentarlo, y casi de inmediato se encontró con una relación satisfactoria.

Tus guías espirituales siempre te mostrarán la dirección correcta, pero debes escuchar y dar los pasos necesarios para seguirla. A veces, la dirección correcta parece que esté equivocada. Eso pasa mucho con las parejas divorciadas. Se casan con alguien y tienen hijos en común. Esa persona podría no ser su alma gemela, pero les ayudará a crear a sus hermosos hijos. Tu camino puede ser complicado, pero es más fácil cuando aceptas que las personas están en tu vida por una razón.

A veces ni siquiera te das cuenta de cuánto te ayudan tus guías mientras pasa. Pero los encuentros y los acontecimientos aleatorios de repente cobran sentido cuando miras hacia atrás.

## ¿CÓMO SÉ QUE MIS ÁNGELES Y MIS SERES QUERIDOS ESTÁN CONMIGO?

Tus ángeles, tus guías espirituales y tus seres queridos tienen muchas maneras de comunicarse contigo y de hacerte saber que su presencia está cerca. Cuando están cerca, generan un sentimiento cálido y una presencia espiritual única.

El propósito principal de tu *ángel* es brindar consuelo, protección y sanación. Te avisa antes de que ocurra una tragedia y te tranquiliza cuando las cosas van mal. Sus formas de comunicación son a veces sutiles, pero transmiten mensajes importantes. Por ejemplo, ¿alguna vez has sentido una sensación de malestar en la boca del estómago y has sentido que algo iba a salir mal justo antes de que pasara? Probablemente era tu ángel de la guarda haciéndote señales. También puede acudir a ti con más fuerza cuando es necesario. Inesperadamente, es posible que oigas una voz que te dice que disminuyas la velocidad. Cuando te encuentras solo, acelerando dentro del automóvil, esa voz es tu ángel de la guarda.

Tu ángel se manifiesta como una presencia cálida, tranquila y reconfortante. Cuando hablas con tu ángel, puedes sentir una sensación de calma que atraviesa tu cuerpo como un abrazo cósmico que te hace saber que está cerca.

Tus *guías espirituales* son tus propios guías turísticos personales en este mundo. Pueden leer el mapa y la brújula para ayudarte a navegar por tu vida. Imagínate tu guía espiritual como un GPS para tu alma. Intuitivamente, te están enviando señales que te apartan de los obstáculos, te guían por nuevos caminos y te ayudan a cruzar puentes. No necesariamente los sentirás contigo como una presencia separada, porque te hablan a través de tus propios pensamientos y emociones. Por ejemplo, si tienes un trabajo o una relación que no es para ti, te harán sentir incómodo hasta que hagas lo correcto.

Tus seres queridos en el cielo se comunican a través de señales, que son su lenguaje principal. Las señales son como mensajes de texto o postales desde el cielo para recordarte que están contigo. Eso nos lleva a la siguiente pregunta.

## ¿CUÁLES SON LOS DIFERENTES TIPOS DE SEÑALES QUE TE ENVÍAN TUS SERES QUERIDOS?

En primer lugar, estoy convencido de que, si tu instinto te dice que algo es una señal, ¡lo más probable es que lo sea! Sabes que una señal es real cuando se repite y aparece en diferentes formas en tu vida, y cuando desencadena el recuerdo de alguien que ha fallecido.

He aquí algunas formas comunes en que las almas del cielo se te acercan:

## Olores inesperados

A veces, tus seres queridos te enviarán una fragancia de la nada para avisarte que están cerca. Puede ser una colonia específica que utilizaba tu ser querido, el olor a humo si era fumador o incluso el olor de su flor favorita.

## Monedas desde el cielo

Un ser amado en espíritu podría poner monedas en tu camino para enviarte un mensaje. Cuando te encuentres una moneda o un billete, recógelo y comprueba la fecha. Es posible que te sorprendas de que la fecha sea una cifra con significado, como un cumpleaños, un aniversario o una fecha importante para ambos.

## Música desde el más allá

Las señales musicales a menudo aparecen en momentos especiales de tu vida, como cumpleaños o aniversarios, y también pueden consolarte cuando más lo necesitas. Es posible que oigas por casualidad una canción que solían cantarte o una canción que les encantaba cuando estaban aquí. Cuando oigas una melodía que te recuerde a un ser querido perdido, ten presente que la han tocado por mandato divino para que tú la disfrutes.

## Orbes en fotografías

Los que están en espíritu son energía y, a veces, aparecerán como orbes u otras figuras inexplicables en fotografías y vídeos. Estas señales a menudo aparecen en fotografías grupales en las que aparecen reunidos muchos de los seres queridos del alma.

## Señales nocturnas

Tu ser querido repetirá una señal a menudo para llamar tu atención. Despertarte a la misma hora todas las noches es un ejemplo típico. Si descubres que sigues despertándote a la misma hora todas las noches o despertándote en el momento de su fallecimiento, párete un minuto para reconocer la señal y saludar.

## Visitas en sueños

Los sueños son la forma más fácil de comunicarte con tus seres queridos. Cuando reclinas la cabeza para dormir, tu mente entra en un espacio de energía que tus seres queridos pueden utilizar como sala de conferencias para venir y visitarte. Pueden pasarte un mensaje durante este tiempo o simplemente mostrarte que están felices y no sufren.

## Ver repetidamente 11:11

Horas como las 11:11 o las 12:12 son mensajes que normalmente llegan en un momento de necesidad o durante una transición o un cambio de vida cuando buscas consejo en tiempos inciertos. Si te pasa esto, debes saber que tu ser querido te está enviando un pequeño saludo para decirte que te apoya y te quiere, y que vas por el camino correcto.

## Luces parpadeantes o señales eléctricas aleatorias

Tus seres queridos son una forma de energía y, a veces, su presencia hace que parpadeen las luces o se encienda y se apague el televisor. Esta señal en concreto suele ocurrir a las pocas semanas de la muerte de un ser querido, ya que se está adaptando al otro lado.

## Libélulas, mariposas y arcoíris

Se trata de símbolos divinos que aparecerán cuando menos los esperes y cuando necesites saber que tu ser querido está contigo. ¿Cómo sabes que una mariposa no es sólo una mariposa? Puedes saberlo si interactúa contigo de una manera inusual, como dando vueltas alrededor de tu cabeza o apoyándose en tu hombro, o si desencadena un recuerdo de un ser querido que falleció. Podría seguir y seguir, porque hay muchas maneras en que tus seres queridos dan a conocer su presencia, pero la conclusión es que una señal puede ser absolutamente cualquier cosa que sea importante tanto para el emisor como para el receptor.

## ¿CÓMO SÉ CUANDO UN SER QUERIDO ME ENVÍA UNA SEÑAL?

El espíritu se comunica de diferentes maneras con señales basadas en la personalidad del alma implicada. Por ejemplo, si a tu abuela le encantaba la fragancia de Jean Naté cuando estaba viva, cuando piensas en ella y de repente hueles Jean Naté, te está haciendo saber que se encuentra cerca. Algunas personas piensan que las señales son estándar o cortadas por el mismo patrón, pero no todo son mariposas y libélulas. En realidad, las señales que escogen las almas son muy específicas.

Los muertos siempre envían señales que te recordarán a ellos. Por ejemplo, hice una lectura a una mujer cuyo padre era pescador en Rhode Island. Le encantaba todo lo relacionado con estar en el agua, y cuando se manifestó, ¡me dijo que le dijera que su señal para ella eran anclas! Su hija echó a reír: «Oh, Dios mío, ¡veo anclas por todas partes!». Estaba muy contenta de darse cuenta de que eran señales de su padre.

### Las almas envían señales únicas «a su manera»

Otra mujer me dijo que su esposo estaba loco por Frank Sinatra. Había hecho que sonara «My Way» en su funeral y notó que a menudo escuchaba la canción cuando pensaba en él.

Otra mujer que se me acercó había perdido a su hijo. Era un jugador de *hockey* que vivía y respiraba *hockey*. Cuando falleció, lo enterraron con su camiseta de *hockey* con su número 10. Me dijo que el número 10 se le aparece en todas partes, y siempre sabe que es su hijo. Mira el reloj y ve las 10:10, las facturas suman 10,10 dólares, ve el número en las matrículas y cada vez que lo ve, siente el amor de su hijo a su alrededor.

### Las señales desencadenan recuerdos

La forma más segura de saber quién te está enviando una señal es ser consciente de quién te ha venido a la mente cuando la has visto. Las señales evocan recuerdos. Si ves una libélula e inmediatamente piensas en tu padre, sabes que es él quien te envía esa señal.

Si una mariposa se posa en tu hombro y piensas en tu hija rodeada de mariposas, es ella.

Por supuesto, no todas las monedas, las canciones o las anclas tienen un significado divino. A veces una mariposa es sólo eso, una mariposa. Entonces, si no te viene a la mente una persona o un recuerdo cuando la ves, probablemente no sea una señal.

## ¿QUÉ SIGNIFICA CUANDO SUEÑAS CON UN SER QUERIDO QUE HA FALLECIDO?

Hemos hablado de todo tipo de signos y señales, pero en realidad los sueños son la forma más fácil de conectar en espíritu con los seres queridos. El motivo es que los espíritus son pura energía, al igual que tus pensamientos. Cuando duermes por la noche y tu cuerpo se apaga, tu mente comienza a archivar los acontecimientos del día. Eso despeja tu mente, facilitando que tus seres queridos se cuelen y te visiten.

## *¡Te veré en tus sueños!*

Los sueños son como una sala de conferencias donde puedes conectar con tus seres queridos del otro lado. Como una sala de conferencias real, brindan un espacio dedicado donde el Espíritu puede transmitir los mensajes más completos y detallados. Cuando ves a tus seres queridos en un sueño, en realidad estás experimentando un encuentro espiritual. En tu estado de sueño, puedes tocar, sentir y percibir a tu ser querido.

¿Por qué te visitan en sueños? Por lo general, sólo quieren que sepas que llegaron al cielo y que están bien. Otras veces vendrán con un mensaje especial. Por ejemplo, en mi familia, cada vez que alguien está a punto de quedarse embarazada, aparece un ser querido en un sueño para anunciar la nueva llegada. Recuerdo que cuando era más joven, mi madre soñó con la abuela de mi padre llevando una niña. Inmediatamente supo que se iba a quedar embarazada y poco después supo que estaba esperando a mi hermana.

## *Cuando tu sueño parece una pesadilla*

A veces, los sueños de un ser querido no son agradables, pero no llegues a la conclusión de que algo va mal o de que no ha hecho el tránsito con éxito. Recuerda que tus seres queridos se comunican para hacerte saber que están en paz. Han dejado atrás la ira, el dolor y cualquier otra emoción negativa. Entonces, si tienes un sueño desagradable o molesto sobre tu ser querido, no se trata de él. En realidad, te está mostrando que hay pena y dolor que necesitas liberar.

## ¿POR QUÉ SIGO OLIENDO A MI SER QUERIDO?

En realidad, éste es mi tipo de señal favorita. Como médium, percibo y siento a tu ser querido igual que tú, y muchas veces llegará con olores.

Justo como he dicho antes sobre oler Jean Naté. Lo mismo me pasó cuando hice una lectura al doctor Paul Nassif en el programa de televisión *Botched*. En el momento en que entré en la habitación, allí estaba de pie su madre en su forma de espíritu, y la habitación olía mucho a Jean Naté. Le dije lo que estaba viendo y me dijo: «¡Ésa era mi madre! Le encantaba Jean Naté».

Ésa no fue la primera vez que un olor señalaba la llegada de un espíritu. He tenido mecánicos que se manifestaron oliendo a aceite de petróleo, pescadores que se manifestaron oliendo a marisquería; incluso una vez un fontanero se manifestó oliendo a…, bueno, ya sabes.

Los olores son especiales porque son parte de la esencia de tu ser querido. ¿Recuerdas que tu abuela tenía un olor especial? Ya sea caramelo de limón, canela, lavanda o bolas de naftalina, el olor se convierte en parte de tu espíritu y es una forma segura de saber que tus seres queridos están aquí.

## EL LENGUAJE CELESTIAL DE LOS NÚMEROS

¿Te ha pasado esto? Independientemente de si te acuestas tarde o temprano, te sigues despertando a la misma hora todas las noches: a las 3:33 o a las 4:14. Miras tu despertador pensando: «*¿Por qué me sigue pasando esto?*». Incluso puedes sentir una presencia contigo o una brisa fresca que te invade mientras estás acostado en tu cama. Puede sonar un poco extraño, pero hay un motivo. Alguien que está en el cielo a quien quieres y encuentras a faltar está tratando de llamar tu atención.

Como médium psíquico, he notado que los que están en espíritu recurren a diferentes formas para tratar de llamar tu atención. Los espíritus o almas que han hecho el tránsito recientemente comienzan a comunicarse a través de puntos de contacto de los espíritus, y los primeros son los números. Es una forma sencilla para que abran la puerta y comiencen a comunicarse contigo de inmediato.

### ¿Estás despierto?

Cuando un alma hace el tránsito, es normal que trate de llegar a ti despertándote a horas intempestivas. No te despierta para asustarte, sino para llamar tu atención. Muchas veces, los que están en espíritu no pueden comunicarse contigo durante el día porque tu mente está preocupada por los acontecimientos del día a día. Cuando te encuentras en un espacio silencioso o tranquilo, el espíritu sabe que es el mejor momento para tratar de comunicarse contigo. Normalmente, suele ser mientras duermes.

Al principio, te despertará a la misma hora y seguirá haciéndolo hasta que capte tu atención. Cuando sienta que eres consciente de su presencia, empezará a buscar otras formas de seguir llamando tu atención, normalmente a través de señales durante el día. Es posible que continúe recurriendo a los números, que pueden aparecer en recibos, monedas, letreros, números de teléfono, matrículas de automóviles…, ¡cualquier cosa! Recuerda que estos números no son una casualidad. Si encuentras un número que te recuerda a un ser querido, reconócelo como una señal de que está contigo.

## ¿CÓMO ME MANTIENE MI ÁNGEL DE LA GUARDA FUERA DE PELIGRO?

Tus ángeles recurren a diversas formas de llamar tu atención y alejarte del peligro. Desafortunadamente, no siempre oímos sus mensajes. Por ejemplo, ¿alguna vez has tenido el presentimiento de no hacer algo y lo has hecho de todas formas?

Hace poco oí una historia de una clienta que había intentado colgar un cuadro subida a una escalera. Tenía una amiga que le dijo que lo haría por ella, pero insistió en hacerlo ella misma. Arrastró su escalera y la colocó, cuando algo le dijo «Detente, no deberías estar haciendo esto». Sin embargo, estaba decidida a colgar su fotografía e ignoró la advertencia. ¡Fue un error! Justo cuando llegó al último peldaño de la escalera, resbaló y se cayó. Milagrosamente, no se rompió ningún hueso, pero al día siguiente estaba dolorida con moratones. Se dio cuenta de que su ángel guardián había tratado de ayudarla de varias maneras. Su amiga se había ofrecido a ayudarla; tuvo problemas para encontrar las herramientas para colgar el cuadro, y en general, parecía que todo la apartaba de realizar la tarea. Ignoró todas las señales, aceptó a la fuerza y terminó cayendo.

Los ángeles te darán señales de aviso cuando tengas una mala relación, cuando se aproximen problemas o el peligro esté cerca. Por supuesto, siempre tienes una opción, y depende de ti prestar atención.

A veces un ángel hará algo más que advertirte. Como médium, ha habido ocasiones en las que he oído hablar de una situación y he sabido que intervino un ángel. Por ejemplo, me explicaron un terrible accidente automovilístico en el que todos salieron ilesos. He oído hablar de buenos samaritanos que fueron enviados desde el cielo para salvar el día. También he visto ángeles señalar a las mascotas para alertar a su familia del peligro de incendio o de otros peligros.

Tu ángel hará lo que pueda para protegerte, así que no se lo pongas más difícil. Si sientes que están tratando de avisarte, ¡escúchalos!

## ¿QUÉ PASA CUANDO LAS SEÑALES ME LLEVAN EN LA DIRECCIÓN EQUIVOCADA?

Cuando una señal te lleva en la dirección equivocada, probablemente no se trataba de una señal. Siempre sabes que una señal es real cuando se repite de diferentes maneras o cuando tu intuición te dice que prestes atención. Si eso no pasa, probablemente no se trate de una señal. Como he dicho antes, a veces una mariposa es sólo una mariposa.

¿Pero qué pasa si estás convencido de que algo es una señal, pero parece estar orientándote mal?

Las señales nunca te llevan en la dirección equivocada. Sin embargo, la intención puede ser ayudarte a aprender o llevarte a desafíos que te harán más fuerte. Antes hemos hablado sobre cómo algunas cosas forman parte de un plan divino. A veces, las señales te llevan a una persona que te enseñará algo importante. Es posible que a largo plazo la relación no sea adecuada para ti, pero es una parte fundamental de tu viaje.

Tus ángeles y tus guías espirituales pueden mostrarte lo contrario de lo que quieres, sólo para demostrarte algo. La vida no es una línea recta de principio a fin. De hecho, si miras hacia atrás en las señales, las coincidencias y los acontecimientos aleatorios que te han conducido hasta aquí, es más como un juego de unir los puntos. Una amistad se enfría, lo que te conduce a una nueva amistad, que te conduce a tu alma gemela. Cuando ocurrió el primer acontecimiento, te preguntaste por qué. ¿Por qué las señales te empujaron hacia cierta relación, sólo para que terminara?

He aquí la respuesta: tu viaje es como el juego de serpientes y escaleras. Algunos movimientos te llevan más arriba, mientras que otros son contratiempos, pero todos forman parte del plan.

A veces no sabemos a dónde nos llevan las señales, pero esto está bien. Es entonces cuando es importante confiar en el universo y en tu propia intuición. Todo se aclarará cuando mires hacia atrás.

# MÁS A FONDO

## *Descodifica las señales*

---

Es reconfortante recibir señales de un ser querido en el cielo, de un ángel de la guarda o de un guía espiritual. Pero para beneficiarse de ellas, ¡primero hay que reconocerlas! Cuanto más consciente seas, mejor. Ayuda si haces un seguimiento de las señales a lo largo del tiempo. Te sugiero que te hagas con un diario o un cuaderno y lo conviertas en tu diario de señales.

## ETIQUETA LA PRIMERA SECCIÓN «SEÑALES QUE TÚ CONOCES»

En esta parte de tu diario, escribe todas las diferentes señales que has sentido. Pueden ser clásicas, como mariposas, libélulas o monedas, o pueden ser únicas y personales. Anótalas todas e incluye a la persona que asocias con cada señal. Por ejemplo: los números provienen de la abuela, las monedas son de mamá y Frank Sinatra es una señal de papá. Tus ángeles pueden enviarte canciones que te ayuden a superar una situación difícil o dejarte plumas en lugares inesperados. Éstas son las señales que conoces. A medida que te vayas concienciando de ellas, detectarás más y más.

## A VECES UNA PLUMA ES SÓLO UNA PLUMA

Si no estás seguro de si algo es una señal del cielo, deberás consultar con tu intuición. Si ves una pluma, ¿te hace pensar de inmediato en alguien? ¿Cómo te hace sentir? ¿Te consuela o te comunica algo lo que ves? La respuesta a estas preguntas te ayudará a determinar si tu señal es una ilusión o un mensaje del más allá.

## INVITA MÁS SIGNOS Y SEÑALES A TU VIDA

Si aún no hay una asociación, o sientes que alguien a quien echas de menos ha estado especialmente callado y no lo percibes a tu alrededor, intenta asignarle una señal. Piensa en alguien con quien te gustaría conectar. Piensa en su personalidad y en las cosas que asocias con él que serían una forma significativa de comunicarse contigo. Tal vez tu abuela tocaba el piano o tu tía hacía ganchillo. Escuchar a Beethoven o encontrar un hilo serían formas lógicas de que se acercaran. Tal vez te gustaría saber cuándo tus ángeles están cerca, pero nunca los sientes. Enciende la radio e intenta enviar una «invitación de pensamiento» a tus ángeles para que se comuniquen a través de una canción. ¡Entonces haz un seguimiento! Ten un apartado en tu diario con los nombres de las personas con las que te gustaría conectar y «asígnales» formas de enviarte señales.

Estate atento a las señales. Recuerda: ésta es una conexión personal que ya existe entre tú y tus seres queridos, y simplemente estás siendo más proactivo invitándolos a dar a conocer su presencia.

# CAPÍTULO 4

# El tránsito

*«Nadie hace el tránsito solo: tus amigos, familiares y mascotas te esperan en la puerta del cielo para ayudarte con el tránsito».*

## ¿ASISTEN LOS MUERTOS A SU FUNERAL EN ESPÍRITU?

A menudo lo hacen, pero no por las razones que podrías pensar. No están allí para juzgar. No les importa quién envió el arreglo floral más grande o de cuán lejos han venido los asistentes a la ceremonia. Desde su nueva perspectiva celestial, sólo les interesa ver el impacto que han tenido sobre las vidas con las que han entrado en contacto y saber cómo son recordados. Esto encaja con lo que están experimentando como alma que recientemente ha hecho el tránsito, porque los funerales tienen lugar en la tierra más o menos al mismo tiempo que están revisando su vida en el cielo.

La gente me pregunta si puedo ver a los muertos en sus propios funerales. Puedo, y tengo que admitir que es un poco espeluznante. De hecho, veo dos versiones de los difuntos: el alma en espíritu y su cuerpo sin vida en un ataúd. Lo que veo como médium no coincide con lo que ven todos los demás en el funeral. El cuerpo pálido y embalsamado es sólo un caparazón, mientras que el alma es la verdadera representación de la persona. Como médium, es difícil para mí conciliar ambas cosas.

Por eso no me gusta ir a funerales. El cuerpo en el ataúd no es la persona a la que le estamos presentando nuestros respetos.

Una cosa que siempre encuentro reconfortante es que el alma ve su funeral de manera diferente a como lo vemos nosotros. Mientras los vivos lloran y se lamentan, el alma sabe que está en el mejor lugar posible.

### ¡Las almas conservan su sentido del humor en el cielo!

Hablando del Espíritu acudiendo a la fiesta… Una vez estaba haciendo una lectura a una mujer cuyo esposo había muerto recientemente. La pareja había sido muy feliz junta; a ambos les encantaba divertirse y siempre estaban haciendo bromas y gastándose bromas entre ellos. Cuando el hombre enfermó, la pareja habló sobre sus deseos para los últimos días de vida. Él le dijo a su esposa: «No me importa lo que hagas con mi cuerpo, no me importa que me entierres con un tanga». Todo lo que le importaba era llegar al cielo y ser capaz de llegar a ella desde el más allá.

¡Una vez fallecido, su esposa estaba muy angustiada! No podía imaginar cómo viviría el funeral y temía verlo en un ataúd. Pero, fiel a su estilo, decidió gastarle una broma más. ¡Se acordó de sus palabras y lo enterró con un tanga! Lo llevaba debajo de los pantalones, así que sólo lo sabía ella y el director de la funeraria. Cada vez que pensaba en él después de su muerte, se reía entre dientes, consolada por la broma que compartían en sus adentros. Ella esperaba reunirse con él en el cielo y compartir unas risas al respecto. Pero no esperaba que él sacara el tema tan pronto. Sólo unos meses después, en un evento en directo, se manifestó su esposo.

Yo no sabía qué hacer con lo que él sujetaba en la mano: «¡No sé cómo decirte esto, pero tu esposo lleva un tanga en la mano!».

La pobre mujer se puso roja como un tomate. No esperaba que su esposo compartiera la broma con un médium psíquico, ¡sobre todo con toda una audiencia escuchando!

Las personas que estuvieron en ese evento todavía recuerdan esa lectura. De vez en cuando, alguien se me acerca y me dice: «¿Recuerdas el alma con el tanga?».

## CUANDO UNA PERSONA FALLECE TRÁGICAMENTE, ¿ENCUENTRA LA PAZ EN EL MÁS ALLÁ?

¡Sin ninguna duda! El cielo no sería el cielo si no fuera un lugar de paz. Independientemente de lo que hayan experimentado en vida, y por muy violenta que haya sido su muerte, las almas encontrarán la paz en el otro lado. De hecho, cuando han muerto en un accidente o en otro acontecimiento traumático, las almas me han dicho que fueron sacadas del lugar de los hechos y llevadas directamente al cielo por sus ángeles, y se salvaron del miedo y del dolor de la muerte.

Esto es especialmente cierto en el caso de las almas que fallecen de manera trágica, como un asesinato. Siempre estoy agradecido de poder hacerles saber a sus seres queridos que en el más allá no están reviviendo el crimen. En el cielo, están libres de eso. Te sorprenderá saber que, a menudo, ni siquiera siguen el caso para castigar a su asesino. La siguiente historia explica por qué…

Había una mujer que se pasó la vida buscando desesperadamente el amor. Por desgracia, tenía la habilidad de elegir al hombre equivocado y siempre empezaba y terminaba relaciones de maltrato. Finalmente, tuvo una relación con un hombre violento y él fue el culpable de su muerte.

Cuando la encontraron muerta, todos sabían que su pareja era el responsable. La familia trató de que se lo detuviera y se lo juzgara por asesinato, pero no se salieron con la suya. No había suficientes pruebas para condenarlo. A su familia le preocupaba que su alma no estuviera en paz hasta que la persona responsable de su muerte estuviera entre rejas. Estaban desconsolados y seguían tratando de encontrar nuevas pruebas contra su pareja para que su alma pudiera descansar.

La verdad salió a la luz cuando los miembros de su familia acudieron a mí para una lectura. Cuando se manifestó, pude convencerlos de que ya se encontraba en paz: estaba con su abuela y otros amigos que habían fallecido. Había encontrado paz y amor en el más allá; era su familia la que necesitaba pasar página.

Su mensaje para ellos fue que la justicia se presenta de diferentes formas y no necesariamente implica una sentencia de cárcel. El hombre responsable de su muerte vivía marginado: sin trabajo, abandonado por sus amigos y alcohólico. Ya estaba recibiendo suficiente castigo, y ella no quería que su familia continuara intentando que lo arrestasen.

Muchas veces, los que están en espíritu perdonan a las personas que provocaron su muerte. No significa que se olviden de ello, sino que simplemente confían en un poder superior. No creo en el infierno, pero sé que cuando hacen el tránsito, las almas tienen que responder por sus acciones y enfrentarse a la justicia de otra manera.

## ¿QUÉ PASA SI MI SER QUERIDO NO CREÍA EN EL CIELO?

Es muy interesante cuando hago una lectura y la gente en espíritu está sorprendida. Creo que el momento más asombroso para alguien que piensa que la muerte es el final debe ser cuando cierra los ojos en la tierra y los abre en el cielo. ¡Imagínate cómo debe sentirlo!

Según mi experiencia, aquellos que eran los más escépticos del mundo son los más entusiasmados cuando se acercan a sus familias para contarles lo que han aprendido.

Una vez hice una lectura a una familia que asistió a un evento. Me acerqué a su fila con un mensaje de su padre. ¡Estaban tan sorprendidos y aliviados que se pusieron a llorar! Estaban seguros de que no le dejarían entrar en el cielo porque no era creyente. Pero no es así como funciona. Algunas personas necesitan más tiempo creer en el cielo, pero crecer y comprender forma parte del viaje.

### Las experiencias cercanas a la muerte son reveladoras

¡Las experiencias cercanas a la muerte pueden ayudar a las personas a ver la luz! Es posible que no hayan sido creyentes hasta ese momento, pero regresan con una comprensión completamente nueva de la experiencia después de estar tan cerca de la muerte.

No son sólo los escépticos los que cuestionan el cielo. Algunas personas son educadas sin religión o con puntos de vista diferentes con respecto a lo que sucede después de la muerte. Es importante darse cuenta de que el cielo es universal y un lugar al que todos hacemos el tránsito. Me gusta decir que, aunque no creas en el cielo, el cielo cree en ti.

A veces es difícil creer en algo que no puedes sentir o tocar. Algunas personas ni siquiera creen en el amor, pero al echar la vista atrás, se dan cuenta de que estuvo allí, de una forma u otra, todo el tiempo. Cuando mueres y revisas tu vida, puede ser una verdadera revelación. Desde la perspectiva celestial, finalmente puedes ver las cosas con claridad.

## ¿LAS PERSONAS QUE SE SUICIDAN LLEGAN AL CIELO?

Creo que ésta podría ser la pregunta más importante del libro. La gente me hace esta pregunta prácticamente todos los días, y me rompe el corazón que alguien crea que aquellos que se quitan voluntariamente la vida no pueden entrar al cielo. La verdad es que están en el cielo y en paz.

Cuando se manifiestan las víctimas de suicidio, muchos me dicen que se arrepienten de haber acabado con su vida. A menudo, durante la revisión de su vida, miran hacia atrás y ven cómo podrían haber pedido ayuda o haber tomado decisiones diferentes.

También piensan en el futuro y ven el camino que podrían haber recorrido. De repente, se dan cuenta de que el dolor y los desafíos a los que se enfrentaban cuando se suicidaron podrían haberse superado y podrían haber hecho algo con su vida.

Arrepentimientos como éste pueden ser difíciles de escuchar para los que han sido abandonados. Cuando alguien muere así, los seres queridos a menudo se preguntan si podrían haber hecho más para evitarlo. Escuchar que el alma lamenta su acción puede empeorar aún más su dolor.

Pero hay algo que descubrí después de escuchar mensajes como éste varias veces. El alma está compartiendo sus sentimientos por una buena razón. Darse cuenta de lo diferente que podría haber sido la vida si hubieran aguantado es una lección poderosa, y una lección que están decididos a compartir con los vivos. ¡Quieren evitar que otros cometan el mismo error! Su trabajo es hacerles saber a las personas que no importa lo mal que se sientan y lo difíciles que se pongan las cosas, todavía hay esperanza a la vuelta de la esquina. El cielo tiene un plan si tenemos la paciencia para dejar que se desarrolle.

## Por qué la gente pierde la esperanza y cómo encuentra la paz

Las personas eligen terminar con su vida por diferentes motivos, y se manifiestan con la esperanza de que sus seres queridos sepan por qué. Es posible que hayan sufrido depresión, trastorno bipolar, esquizofrenia u otro trastorno que les dificultaba pensar con claridad. Algunos suicidios se deben a factores externos, como problemas económicos agobiantes, adicciones o relaciones fallidas. Algunos de estos problemas podrían haberse resuelto a tiempo, mientras que otros podrían haber causado dolor de por vida. El alma lo ve ahora y quiere que sus seres queridos sepan que están en paz.

## Lecciones que aprender sobre la muerte… y la vida

Conecté un alma con su familia durante un evento. Llevaba años desempleado y su mujer trabajaba como una loca para mantener a la familia. Deprimido y desanimado, sintió que valdría más para su familia muerto que vivo. Se suicidó, pensando que su familia al menos se beneficiaría de su seguro de vida. Lo que no sabía en ese momento era que su esposa había cancelado meses antes su póliza de seguro de vida. Sabía por qué se había quitado la vida y se sentía angustiada por perderlo y culpable por no haberle dicho que había cancelado la póliza. No podía evitar la sensación de que, si él hubiera conocido la cancelación de la póliza, es posible que no hubiera terminado con su vida.

Cuando murió, la gente se reunió a su alrededor. Un amigo la ayudó a conseguir un trabajo mejor pagado y los miembros de la familia recogieron dinero para ayudar con los gastos. El hombre miraba hacia abajo desde el cielo con arrepentimiento, ya que se daba cuenta de que podría haber buscado ayuda y seguir allí con su esposa y sus hijos. Creo que compartió su historia desde el cielo para dar a otros el valor de pedir ayuda.

## NO TUVE LA OCASIÓN DE DECIRLE ADIÓS A MI SER QUERIDO. ¿ES DEMASIADO TARDE?

La gente a menudo me pide que transmita un mensaje a sus seres queridos fallecidos. Como médium, entrego mensajes procedentes del otro lado, pero no los devuelvo. ¡Sólo soy una bandeja de entrada que recibe mensajes del cielo, pero no puedo enviar mensajes!

La buena noticia es que no necesitas un médium para enviar tu mensaje. Puedes enviarlo tú mismo. Tus seres queridos pueden escucharte a través de tus pensamientos, tus sentimientos y tus palabras.

En cualquier momento puedes enviar un mensaje al cielo y tu ser querido lo recibirá. Así que no te preocupes si no estuviste junto a él en sus instantes finales. Es lo último que las almas tienen en mente. No se centran en quién estaba allí cuando hicieron el tránsito, sino que tienen una perspectiva mucho más amplia. Mirando hacia atrás, ven todo el tiempo que pasasteis juntos, el amor y las risas que compartisteis, y eso es lo que importa. No quieren que pongas tanto peso en sus últimos instantes, ¡porque categóricamente no lo son!

### *Una vida de recuerdos amorosos*

Una mujer acudió a una lectura en grupo, visiblemente molesta por las circunstancias de la muerte de su madre. Había sido la mejor amiga de su madre, y cuando su madre no podía cuidar de sí misma, la hija se la llevó a su casa durante dos años. Fue un período maravilloso, disfrutando del café, cocinando y conduciendo juntas.

A la madre le diagnosticaron un cáncer y estaba ingresada en el hospital. Lamentablemente, los médicos no pudieron hacer nada por ella y se estaban preparando para enviarla de regreso a la casa de su hija para que el hospital de cuidados paliativos pudiera hacerse cargo de su cuidado. Pero nunca llegó a salir del hospital. Mientras la hija se preparaba para la llegada de su madre a casa, la anciana exhaló su último aliento. Su hija no estaba junto a ella para despedirse y desde entonces había estado cargando con esa culpa y ese remordimiento.

Su madre se manifestó y dijo que no podía haber pedido una hija más maravillosa.

Apreciaba todos los momentos felices que habían compartido y sabía cuánto la quería su hija. Eso era todo lo que importaba. Estaba muy contenta por tranquilizar a su hija, y estoy seguro de que la lectura les sonó a muchos presentes en la sala. La moraleja de esta historia: ¡no les des mucha importancia a esos últimos instantes!

A veces sucede todo lo contrario. No pasamos tiempo con nuestros seres queridos durante la vida y, de repente, es demasiado tarde. Conocí a una mujer que estaba distanciada de su padre y no sabía que había fallecido. Años más tarde, cuando se enteró de su muerte, fue a su tumba y se desahogó. Sé que él la escuchó. Nunca es demasiado tarde para hacer las paces y poder pasar página.

Recuerda que en el cielo las almas no quieren que pases demasiado tiempo lamentando su fallecimiento, sino que quieren que estés en paz… ¡porque ellas lo están! Como ya he dicho antes, quieren que vivas la vida al máximo y que no dejes que su muerte se interponga en tu camino.

## MI SER QUERIDO NO ME CONOCÍA AL FINAL DE SU VIDA. ¿ME RECUERDA AHORA QUE ESTÁ EN EL CIELO?

Absolutamente. La enfermedad de Alzheimer parece borrar nuestros recuerdos en este mundo, pero todos estos recuerdos se restauran en el más allá. Trataremos la revisión de la vida más adelante en otro capítulo, pero ten presente que las almas que borraron sus recuerdos en vida podrán revivirlos durante ese proceso.

En el momento en que hacen la transición, los recuerdos regresan en un instante. ¡Es como pulsar el botón de rebobinar en una videograbadora vieja y ver toda la película en un instante!

Pero eso no es lo único que puedes hacer pulsando el botón de rebobinar. Muchas veces, las personas que han tenido alzhéimer o demencia se manifestarán mucho más jóvenes, como si esos años nebulosos ni siquiera hubieran existido.

A veces, un alma admitirá que en realidad recuerda demasiado y se avergüenza de lo que hizo y dijo cuando estaba enfermo o no.

## *Deja las cosas claras*

Una vez, estaba haciendo una lectura y el alma que se manifestó sufría alzhéimer cuando murió. Durante sus últimos días, no estaba en sus cabales, y en un momento dado compartió una impactante revelación con su hija. Le confesó que había tenido un hijo en secreto del que nadie sabía su existencia. Su hija la creyó y comenzó a buscar a su «hermano». Cuando la madre se manifestó durante la lectura, explicó que en realidad estaba confundida y que estaba pensando en su propio hermano que había fallecido. Estaba muy triste por haber molestado a su hija con su revelación, ¡y estaba muy agradecida de poder dejar las cosas claras a través de mí!

Una vez más, éste es un ejemplo de revisar toda la vida de alguien. El ser querido puede mirar hacia abajo y ver todos los aspectos del problema, comprender las intenciones de todo el mundo y tener claridad total.

Ni siquiera puedo contar las veces que un ser querido se ha manifestado y comprendido por qué su familia tuvo que buscar un cuidador o llevárselo a casa. Es posible que armaran un gran escándalo mientras estaban vivos, pero desde el cielo entienden que su familia estaba haciendo lo mejor para ellos. Ahora pueden entender las buenas intenciones de su familia.

## ¿IMPORTA SI INCINERO O ENTIERRO A MI SER QUERIDO?

Hay veces que hago una lectura y me encuentro con que el difunto quería ser enterrado, pero en cambio fue incinerado, o al revés.

Estaba haciendo un evento en vivo y había pasado por una fila cuando un padre se acercó y me dijo que estaba enterrado en el jardín de casa. ¡Estaba nervioso porque acababa de enterarme de un asesinato! Me volví hacia una mujer y le dije: «Puedes pensar que estoy loco, pero tu padre dice que lo enterraste en el jardín».

«Sí, lo visito todos los días. De hecho, me acabo de mudar, lo desenterré y lo llevé a la nueva casa», explicó. Resulta que ella había enterrado la urna con sus cenizas. ¡A él le encantó, porque reflejaba la divertida personalidad de su hija!

Otro hombre se manifestó riendo: *«¡No vas a creer lo que hizo mi esposa con mis cenizas! Las guarda en una mochila y las lleva a todos los lugares a los que planeábamos ir juntos, y luego se las vuelve a llevar a casa con ella».*

La esposa explicó que «él quería que las arrojara al mar, pero no soporto separarme de ellas». Ella se sintió muy aliviada cuando él dijo que debería conservarlas mientras la consolaran.

En pocas palabras, los muertos saben mejor que nadie que los cuerpos no importan: las tumbas y las cenizas (y los funerales, de hecho) son para la comodidad de los vivos.

## ¿ESTÁ MI SER QUERIDO ENFADADO CONMIGO?

Hay muchas razones por las que la gente piensa por qué su ser querido podría estar enfadado con ellos. Podrías pensar que estaría resentido por pasar sus últimos días en una residencia, o decepcionado por cómo fue su funeral. O podría estar molesto porque no interviniste de determinada manera y evitaste su muerte.

## No hay resentimiento en el cielo

Si estás pensando que tu ser querido todavía tiene cierto resentimiento contra ti o contra cualquier otra persona, te prometo que es todo lo contrario. Tomemos esta situación como ejemplo…

Conocí a una mujer en uno de mis eventos que no había vuelto a hablar con su hermano después de una pelea que ella había tenido con su esposa. Él le había dado la espalda por completo después del incidente, y perdieron totalmente el contacto. La mujer se sorprendió cuando le dije que tenía un mensaje para ella, porque ni siquiera sabía que había muerto. «No he perdido ningún hermano», dijo, y se fue del evento con lágrimas en los ojos.

Después del evento, investigó un poco y descubrió que la esposa de su hermano no le había dicho que había fallecido. Ella volvió a verme para hacer otra lectura. Él se manifestó y se disculpó por cómo se había comportado. Se había dado cuenta de que debería haber tenido que comprender ambos lados de la discusión entre su esposa y su hermana, y lamentó haber olvidado qué era la familia.

¡Se quedó muy aliviada! Había vivido con el dolor de su distanciamiento durante años, y cuando se enteró de su fallecimiento, se quedó destrozada. Su mensaje la liberó de su culpa y de los remordimientos. Después de la revisión de su vida en el cielo, su hermano se dio cuenta de que nunca debería haber dejado que nada se interpusiera entre ambos. Había aprendido la lección en el más allá, y pude comprender que sus palabras tendrían un gran impacto sobre la vida de su hermana en el futuro.

La culpa puede bloquear tu capacidad de aceptar el mensaje que debes escuchar. Nunca olvidaré la siguiente lectura desgarradora.

Una mujer se saltó un semáforo en rojo, provocando un choque que mató a su hijo. A partir de ese momento, la gente la juzgó.

No bastaba con que hubiera perdido a su hijo y tuviera que vivir con la culpa. También tuvo que enfrentarse a otras personas que la criticaban y la culpaban. Su marido se divorció de ella y sus suegros la repudiaron. La gente decía que en el momento del accidente no prestaba atención a la carretera y que probablemente estaba hablando por teléfono.

En realidad, fue simplemente un trágico accidente. Cuando se manifestó su hijo, pude ver toda la escena con claridad. Ella había ido a recogerlo al colegio y estaba nerviosa por llegar a casa. Iba deprisa por una intersección y se saltó el semáforo por décimas de segundo y su automóvil fue embestido por un camión con remolque.

Pude sentir su culpa y su remordimiento durante la lectura, pero ella había bloqueado el accidente y apenas podía recordar lo que había pasado. Esperaba que el accidente no hubiera sido culpa suya, pero tuve que decirle que, en realidad, se había saltado un semáforo en rojo.

El hecho de que ella hubiera sido la responsable de la muerte de su hijo era tan doloroso que le costaba aceptar lo que le estaba diciendo. Finalmente logré que me escuchara y le dije que su hijo la había perdonado. La quería y odiaba ver el dolor que sentía. Tardé mucho tiempo en convencerla de que su hijo la estaba observando desde el cielo, que la amaba y que quería que dejara a un lado la culpa que estaba cargando.

## ¿ME ESTÁ ESPERANDO EN EL CIELO EL BEBÉ QUE ABORTÉ ESPONTÁNEAMENTE?

La respuesta es sí. Todas las almas llegan al cielo, incluidas las que no han nacido o las que mueren al nacer.

Es difícil saber el motivo por el que algunas almas son reclamadas antes de que hayan tenido la oportunidad de vivir, y no pretendo entenderlo. Todo lo que puedo hacer es compartir algunas lecturas que fueron muy reveladoras para el receptor, así como para todos los presentes en la sala.

Una mujer vino a mí para hacer una lectura. Tenía un gemelo en el útero, pero su madre tuvo un embarazo difícil y hacia el final tuvo que ingresar de urgencia en el hospital para un parto de emergencia. Mi clienta pudo nacer, pero, por desgracia, su hermano gemelo no sobrevivió al parto. La pérdida fue devastadora para la familia, pero al mismo tiempo vieron a su hija como una bendición especial y la querían mucho. Aparte del amor que su familia le brindaba, siempre había sentido una presencia adicional y reconfortante a su alrededor que no podía explicar de una manera lógica. Un día acudió a mí para hacer una lectura privada y… ¿lo adivinas? El alma que había sentido toda su vida era su hermano. Había estado a su lado, cuidándola desde el momento en que nació.

## *Las madres se reunirán con TODOS sus hijos*

Otra mujer que conocí había perdido a una niña por un aborto espontáneo. Para empeorar las cosas, su médico le dijo que no podría volver a quedarse embarazada. En aquel entonces, la gente no hablaba de esas cosas y ella no se lo explicó a nadie. Finalmente, ella y su esposo pudieron tener otro hijo: una niña. Y vertió todo su amor en esa hija porque temía no ser nunca madre. Sin embargo, y a pesar del amor que sentía por su hija, seguía sintiendo una tristeza persistente por la niña que había muerto en el útero. No fue hasta que se estaba muriendo que le contó a su hija que tenía una hermana que no sobrevivió. Años más tarde, cuando la hija vino a mí para hacer una lectura, su madre se manifestó con esa niña entre brazos. Había encontrado la paz al saber que su primera hija había llegado al otro lado, lo que la liberó de la preocupación que había llevado consigo durante toda su vida.

## ¿DA MIEDO MORIR?

La enfermedad da miedo, pero morir no debería darlo. Estoy convencido de que el miedo a la muerte de la mayoría de las personas es mucho peor que la muerte misma. Lo que más asusta a las personas con respecto a la muerte es que piensan que es permanente, pero no es el final. Es simplemente una transición, otro paso en el viaje de nuestra alma.

La gente siempre teme lo que no entiende y, por supuesto, hay muchas cosas que no se saben sobre qué sucede después de la muerte. Por eso mis eventos son tan sanadores para tanta gente. Les permite echar un vistazo a la otra vida, y no es tan aterradora. De hecho, ven que las almas en el cielo no sólo están libres de dolor y en paz, sino que pueden cruzar ese velo y conectar con amigos y familiares en la tierra. Por eso todos consiguen algo en mis eventos en directo (tanto presenciales como *online):* se van con la seguridad de que hay algo después de la muerte y que no hay que temer nada.

## ¿QUÉ EDAD TIENES EN EL CIELO?

Lo creas o no, no hay cumpleaños en el cielo. Todas las almas tienen la misma edad. Sé que suena un poco extraño, pero piénsalo un poco. ¡Si me conectara con un alma en el cielo que murió durante la guerra de Secesión, tendría más de 150 años! Pero no es así en absoluto. Nuestros cuerpos son los que envejecen, no nuestras almas. El alma es infinita, y eso es lo que le llega a un médium.

Por este motivo celebramos los cumpleaños aquí en la tierra y no en el cielo. Para los vivos, cada día es un regalo y cada año es un hito en el camino. Pero en el cielo, has llegado a tu destino, y esos hitos terrenales no tienen sentido.

Por eso no hay diferencia de edad cuando te reencuentras con tu alma gemela en el cielo. Es posible que una mujer fallezca a los ochenta años y su esposo a los cincuenta, pero cuando se reencuentran, tienen la misma edad. Así que no te preocupes si tu esposo muere mucho antes que tú, ¡no serás un asaltacunas en el cielo!

# MÁS A FONDO

## *Termina los asuntos pendientes*

---

Cuando estás completamente presente y abres tu conciencia a tus seres queridos, básicamente los estás invitando a tu vida. Saben que pueden comunicarse contigo y que valoras su ayuda.

Si te gusta escribir, ¿por qué no escribir cartas a tus seres queridos y comenzar a escribir en un diario? Tus cartas pueden abordar una pregunta candente que tienes en mente, o pueden ser una puesta al día rápida.

Textos sencillos, como los ejemplos que te muestro a continuación, envían una señal a tus seres queridos y les hace saber que pretendes comenzar a comunicarte con ellos. Éstos son algunos ejemplos.

*¡Querida abuela, hoy he ido al supermercado y he visto a una señora que se parecía a ti! Me ha hecho pensar en los grandes momentos que pasábamos comprando juntos. No puedo evitar preguntarme si ha sido una señal tuya.*

*Querido papá, ha visto el número que me has enviado hoy. Me encanta cuando me envías estos pequeños recordatorios de que estás ahí. Sigue enviándolos. Sé que eres tú.*

Si tienes un asunto pendiente o una pregunta que necesita una respuesta, un texto puede ser la manera perfecta de lograr pasar página. Mientras escribes, imagínate a la persona a la que le estás escribiendo. Una vez que hayas terminado, quédate sentado en silencio y dale la oportunidad de que se te manifieste con su respuesta. Incluso puedes probar suerte con la escritura automática: siéntate con un bolígrafo en la mano e invita a tu ser querido a que canalice su respuesta a través de ti.

No tiene que ser un proceso largo, sólo pequeñas «cartas de amor» para que tus seres queridos sepan que los reconoces en tu día a día. Incluso puedes iniciar una caja de «cartas desde el cielo» para guardar estos mensajes. Cuando los eches en falta, puedes buscar la caja y volver a leer tus propias experiencias.

# CAPÍTULO 5

## Recuerdos e hitos

*«Tus seres queridos en el cielo tienen un asiento de primera fila*
*para todo lo que logras en tu vida».*

### ¿LOS MUERTOS PUEDEN VER TODO LO QUE HAGO?

¡Espera! ¿De verdad quieres saber la respuesta? Si no, deja de leer el libro ahora mismo. La verdad es que tus seres queridos pueden ver todo lo que haces. En efecto, ¡TODO!

Pero antes de que te asustes, ten en cuenta lo siguiente. El hecho de que haya fallecido no significa que tu padre quiera verte en el baño más de lo que lo hizo cuando estaba vivo.

Las almas recurren a su habilidad de verlo todo de la misma manera que yo utilizo las cámaras de seguridad en mi casa. Puedo mirar y ver lo que sucede en cada habitación, pero tengo mejores cosas que hacer. Cuando necesito ver algo, puedo verlo en tiempo real y también puedo rebobinar la cinta a un momento o un acontecimiento concreto.

Es lo mismo para tu ser querido en el cielo. Tiene acceso a todo lo que pasa aquí, pero utiliza esta habilidad cuando la necesita. No tiene que estar pendiente de ti en todo momento, sino que avanza y rebobina la «cinta» hasta llegar a las cosas importantes.

### *Las almas se sienten atraídas por momentos especiales y acontecimientos cotidianos*

Hay ciertos momentos en los que es más probable que tu ser querido esté contigo. Se sienten atraídos por acontecimientos importantes como bodas, nacimientos, graduaciones y vacaciones. Pero también pueden sentir cuándo los necesitas o los echas en falta, y también aparecerán en esos momentos sólo para asegurarse de que estés bien.

A veces, un alma sólo quiere establecer contacto contigo. No es muy diferente de cómo te sientes cuando tu pareja está de viaje de negocios y utilizas Zoom o FaceTime al final del día sólo para ver su rostro y oír su voz.

Es posible que puedas darte cuenta de cuándo está cerca. Es común que las personas sientan almas y espíritus de vez en cuando. A veces sentirás un roce o tendrás la sensación de que alguien te está mirando. No te está persiguiendo y el alma no ha quedado atrapada. Simplemente estás sintiendo la presencia del alma mientras se sintoniza contigo.

### *¿Pero qué pasa cuando me ducho?*

Para volver a la pregunta de la ducha…, consuélate sabiendo que en el cielo las almas respetan tus límites y no están interesadas en invadir tu privacidad. En realidad, te están observando de una manera completamente diferente de lo que te podrías imaginar. No te están juzgando ni se entrometen en tus asuntos, sino que sólo quieren mantener la conexión abierta.

Si todavía estás asustado, piénsalo desde esta perspectiva. Si estuvieras muerto y tuvieras la posibilidad de ver a tus amigos y familiares, ¿en qué momentos te gustaría estar con ellos?

## ¿LAS ALMAS EN EL CIELO PUEDEN VER A SUS HIJOS Y NIETOS?

Sí, evidentemente, y lo bueno es que los niños también pueden verlos.

Cuando tienes un bebé, los amigos y la familia se reúnen para conocer al recién llegado. Tus seres queridos en el cielo también están ansiosos por visitar al nuevo bebé, pero no será la primera vez que se encuentren.

Han tenido una conexión con el niño incluso antes de que naciera, y disfrutan sobre todo viendo cómo los nuevos padres interactúan con su bebé. Se sienten atraídos por el amor y la emoción cuando todos dan la bienvenida al nuevo miembro de la familia.

Como cualquier hito, el nacimiento de un hijo puede ser agridulce cuando se está de luto por la pérdida de un ser querido. Pero he recibido muchísimos mensajes de padres, abuelos y tíos en el cielo que prueban que están allí, observando con amor y orgullo.

Ser abuelo es algo que la mayoría de los padres anhelan. Recuerdo cómo pude consolar a esta familia que había perdido a su padre antes de que pudiera conocer a su nuevo nieto.

## *Siguiendo los pasos de papá...*

A un evento mío asistieron un hombre y su esposa, y su padre se manifestó con un mensaje de sanación. Poco después de que el hombre falleciera, su hijo se enteró de que él y su esposa estaban esperando su primer hijo. Cuando nació el bebé, los padres le pusieron el nombre de su abuelo.

Cuando el alma se manifestó, habló de lo feliz que fue cuando vio a su hijo junto al niño, que ahora tenía cinco años. Miraba cómo disfrutaban de las mismas actividades que había compartido con su hijo cuando estaba vivo.

Los veía pescar en los mismos lugares, incluso utilizando su vieja caja de aparejos y sus cañas de pescar. El hijo estaba entre el público y tenía lágrimas en los ojos cuando se enteró de que su padre había estado allí con ellos mientras los dos pescaban, jugaban a la pelota y leían. El padre quiso que yo les dijera a su hijo y a su nuera lo orgulloso que estaba de ellos, y les agradeció que le hubieran puesto su nombre a su nieto.

## *Mantén viva la conexión*

¿Alguna vez has oído a tu hijo parlotear mientras jugaba, cuando no había nadie más en la habitación? Podría estar conectando con alguien del otro lado. A veces esos «amigos imaginarios» son en realidad almas que vienen a visitar a sus hijos o sus nietos. Conozco varios casos en los que un niño estaba mirando un álbum de fotos y señaló a un miembro de la familia fallecido diciendo: «¡Ayer vino a jugar conmigo!»

El mundo de los espíritus aprecia cuando afirmas su existencia mostrándoles fotos a tus hijos y explicándoles historias. Al hacerlo, esa persona cobra vida en los corazones y las mentes de toda una nueva generación. Mi familia se esfuerza por presentar a las generaciones más jóvenes a los miembros de la familia que han fallecido. Mi abuela murió cuando yo tenía tres años, y aunque mi hermana menor nunca conoció a nuestra abuela, sentía que sí que la había conocido porque había visto muchas fotos y oído muchas historias sobre ella. ¡Mi hermana ha oído hablar tanto de nuestra abuela que a veces olvida que en realidad nunca se conocieron!

## ¿MI PADRE ESTARÁ CONMIGO EL DÍA DE MI BODA?

No se lo perdería por nada del mundo. Aparte del hecho de que les encanta una buena fiesta, las almas en el cielo se sienten atraídas por la poderosa carga emocional asociada con las bodas.

Muchas novias sueñan con que su padre las acompañe al altar el día de su boda. Si su padre fallece antes de que se comprometan o se casen, puede resultar devastador. Pero incluso aunque su padre no se vista su esmoquin y camine físicamente con su hija por el pasillo, puedes estar seguro de que está allí en espíritu, secándose una lagrimilla de felicidad.

Una mujer se me acercó muy angustiada. Su padre había muerto recientemente y no podía soportar la idea de casarse sin él presente. Se había comprometido, pero después de la muerte de su padre, postergaba *sine die* la fecha de la boda.

Su padre se manifestó, decidido a transmitir su mensaje. Me dijo: *«Dile, por favor, que no deje que mi muerte se interponga en su día especial».*

El padre quería que su hija supiera que aprobaba a su prometido y que ella pudiera descansar tranquila sabiendo que había encontrado a un hombre tan bueno con quien compartir su vida. Él le aseguró que estaría con la pareja en su boda y todos los días posteriores para cuidarlos y bendecir su unión.

Se despidió diciendo: *«Espero que siempre me recuerdes, pero,* por favor, no dejes que yo te impida vivir tu vida. Se trata de tu día especial y quiero que pienses en ti y en tu nuevo esposo».

## Sin arrepentimientos desde el cielo

Antes de ser médium, trabajé como técnico de emergencias médicas en un hotel en Boston. Se celebró una gran boda y, a la mañana siguiente, la pareja de recién casados partió de luna de miel. Poco después, la seguridad del hotel recibió una llamada de que habían encontrado al padre de la novia inconsciente en su cama. El personal estaba desconsolado, pensando que su fallecimiento ensombrecería todo el evento. Nadie podía hacer nada para revivirlo, por lo que ayudaron a la familia a contactar con el forense y llevaron las pertenencias del hombre a recepción. Como yo era un médium, ¡consideraban que era la persona indicada para acceder a sus pertenencias!

Dentro de su bolsa estaba su esmoquin de boda, artículos de aseo personal y algunos otros objetos personales. Estaba doblando su ropa cuando de repente una imagen pasó por mi mente. El hombre se manifestó y me dijo que tenía problemas cardíacos, cosa que todos sabían. Su último deseo en vida había sido asistir a la boda de su hija y estaba muy contento de haber podido aguantar tanto tiempo. Al día siguiente estaba en el cielo… ¡y eso le pareció muy bien! Había conseguido su deseo de llevar a su hija al altar.

Me pidió que escribiera una nota en su nombre y se la diera a su hija. La nota decía: «No estés triste porque me haya ido, no me arrepiento. Estoy muy agradecido de que Dios me haya dado tiempo extra para poder compartir contigo tu día especial. Con amor, papá».

### *«¡Estuve allí todo el tiempo!»*

Estaba haciendo una lectura para la chica más dulce. Llevaba más de un año planeando su boda y durante ese tiempo su abuela se puso enferma e ingresó en una residencia geriátrica. La chica se aseguró de que su abuela estuviera incluida en toda la organización. A pesar de que su abuela tenía movilidad reducida, la llamó por FaceTime mientras estaba comprando el vestido. Cuando eligió el vestido perfecto, lo llevó a la residencia para probárselo delante de su abuela.

Su abuela falleció pocos días antes de la boda. Después, la nieta vino a verme. Su abuela se manifestó y dijo: «No te preocupes, disfruté más de tu boda en espíritu». Dado que iba en una silla de ruedas y necesitaba tanta atención médica, le preocupaba haber desviado la atención de la novia. Le aseguró a su nieta que la había estado observando desde el cielo y disfrutando de cada instante, y le dio las gracias a la chica por poner una foto de ella en su ramo de novia. Todo lo que quería era que su nieta disfrutara de su día, ¡y había logrado su deseo!

## ¿LOS MUERTOS CELEBRAN SUS CUMPLEAÑOS EN EL CIELO?

Como nadie envejece en el cielo, no celebran cumpleaños. En cambio, a menudo aparecen en las celebraciones especiales de sus seres queridos en este mundo. A veces me cuentan que sus seres queridos hacen algo especial para recordarlos en sus cumpleaños. Siempre lo aprecian. Así pues, si normalmente te pones triste el día del cumpleaños de tu ser querido, considera transformarlo en una ocasión feliz y celébralo con sus platos favoritos y las personas que te importan. ¡Puedes contar con el hecho de que ellos también estarán allí! Lo que me recuerda una lectura…

Hace poco me reuní con una madre y una hija que querían conectar con el padre de familia. Había muerto hacía un año, y tan pronto como se manifestó, insistió en decirme que había estado presente en la celebración de cumpleaños que le habían hecho después de su muerte.

Me mostró a su hija entrando al salón de baile de un hotel con un gran pastel. Un año antes de su muerte, su familia había estado planeando una magnífica fiesta sorpresa por su quincuagésimo cumpleaños. Como no pudieron recuperar el depósito en garantía, siguieron adelante con la fiesta, enviaron las invitaciones y se reunieron para honrar su memoria. ¡Resultó ser la mejor fiesta de todas! Amigos y familiares rieron y lloraron y celebraron la vida del difunto. Él validó lo que ya habían sentido: que él había estado allí durante todo el tiempo. De hecho, incluso miró el pasado para ver toda la planificación que había tenido lugar.

## Cuando el cielo te da limones...

Hablando de cumpleaños, ésos son algunos de los momentos en los que es probable que el Espíritu nos envíe señales de que están con nosotros. Recuerdo que me invitaron a cenar a casa de la abuela de Alexa. Cuando nos sentamos a comer, la abuela me preguntó: «Matt, ¿percibes a mi madre a mi alrededor? Hoy habría sido su cumpleaños». Alexa nunca había conocido a su bisabuela, pero categóricamente esa noche pude sentir la presencia de la mujer en la mesa. Le pregunté a la abuela de Alexa si había recibido alguna señal de su madre ese día. Ella me miró y preguntó: «¿Cómo lo voy a saber?».

«¡Si tu madre te envía una señal, lo sabrás!», le dije.

Resulta que la abuela de Alexa compraba un pastel todos los años el día del cumpleaños de su madre. Esa noche sacó una caja de pastelería rosa. Dentro había un pastel de capas con glaseado de chocolate. Se sorprendió cuando cortó la primera porción y vio que el pastel era amarillo. «¡Espera, pedí una tarta del diablo!». Comprobó la caja y, efectivamente, estaba etiquetada como tarta del diablo con glaseado de chocolate. Probó el pastel y se dio cuenta de que era de limón. La tarta de limón era la favorita de su madre. Nos reímos cuando le dije: «¡Ahí está tu señal!».

Me encanta esta historia, porque es un ejemplo de cómo el Espíritu nos envía la confirmación de que está entre nosotros.

## ¿LOS MUERTOS REGRESAN A SUS LUGARES FAVORITOS?

Sí, y por lo general no suele ser un lugar exótico de vacaciones. Recuerdo estar sentado en el sofá de la sala de estar de un amigo, cuando alguien pasó caminando con una bombona de oxígeno. Tardé un minuto darme cuenta de que era un espíritu. Descubrimos que era la dueña anterior, que tenía EPOC. Había muerto en la casa que le gustaba y esperaba que uno de sus nietos decidiera mudarse allí después de su muerte. Sin embargo, no tenía sentido que nadie de su familia se quedara en la casa, así que la pusieron en venta y la vendieron. La mujer todavía estaba apegada a la casa donde había vivido durante tantos años y la visitaba de vez en cuando. No estaba rondando por la casa, simplemente se sentía atraída por el lugar donde ella y su esposo habían criado a su familia, celebrado las fiestas y sido tan felices. No estaba enfadada ni nada por el estilo, ¡no se trataba de una película de terror! De hecho, le encantaba ver cómo la nueva pareja propietaria había arreglado el lugar.

Es frecuente que las personas tengan conciencia de almas y espíritus en diferentes lugares. Pueden sentir una corriente de aire o notar que sus mascotas miran algo que ellos no pueden ver. Si tienes una sensación así, no tienes que temer nada. El alma no está atrapada. Es posible que sólo esté visitando un lugar que le gustaba cuando estaba vivo.

También les gusta visitar lugares especiales, incluso aunque todo esté totalmente cambiado con respecto a cómo era cuando estaban vivos. Un campo favorito donde jugaban a béisbol podría ser ahora un bloque de apartamentos, o su granja familiar podría haberse transformado en un centro comercial. ¡No importa mucho! El lugar propiamente dicho que recuerdan puede haber desaparecido, pero sigue siendo real para ellos.

## ¡El legado más feliz de la tierra!

Siempre siento el espíritu de Walt Disney cuando voy a Disneyland, en California. A pesar de que es un lugar completamente diferente de como era cuando estaba vivo, le gusta visitar y comprobar las cosas. Ah, y para que quede claro, no está revisando las operaciones comerciales diarias ni calculando la venta de entradas. Se limita a observar los rostros de las personas mientras disfrutan del parque que creó. No hay nada siniestro en el hecho de que él esté allí; es una energía positiva y amorosa. Para mí, ésa es la mejor manera de ser recordado. La forma en que el nombre y el espíritu de Walt Disney perduran en sus parques es un legado maravilloso.

Una cosa más. Muchas personas se sienten mal si su ser querido muere sin ver un lugar al que siempre soñó ir. Sé con certeza que, si alguien falleció antes de ver el Gran Cañón o la Torre Eiffel, tiene la oportunidad de ir allí una vez muerto. ¿Quieres ayudarlo? Planea un viaje al lugar al que quería ir. Lo más probable es que te encuentre allí.

Y si los muertos pueden visitar lugares en la tierra, significa que pueden ver tu nueva casa o visitar tu nuevo negocio.


## PIENSO EN MI SER QUERIDO EN LOS MOMENTOS MÁS EXTRAÑOS. ¿POR QUÉ PASA ESO?

Los pensamientos, los recuerdos y los sentimientos nos mantienen conectados en espíritu con nuestros seres queridos. Cada vez que aparezcan en tu cabeza, sabrás que están a tu alrededor en ese preciso momento.

Los mismos recuerdos a los que te aferras son los que ellos también atesoran.

A veces, tu ser querido te envía recuerdos durante los momentos más fortuitos. Estás cargando el lavavajillas y de repente piensas en un miembro de la familia del que te habías olvidado. Esto no es una casualidad. Te está enviando un recuerdo como recordatorio amoroso de los momentos que compartisteis.

Funciona en ambos sentidos: cuando piensas en ellos, es como tocar el timbre del cielo. A menudo, los recuerdos que más aprecias son de la mejor época de su vida, antes de que envejecieran o enfermaran, y no pueden resistirse a revisarlos contigo.

### Los mejores momentos

Una madre quería recibir un mensaje de su hijo. Cuando conecté con él, pude ver que su paso por la tierra había sido difícil. El hombre sufría trastorno bipolar y su vida era una montaña rusa de cambios de humor bestiales, sin tomar medicamentos y desapareciendo durante semanas. En realidad, estuvo un tiempo sin hogar y murió a los treinta años. Pero cuando hablé con su madre, me miró con lágrimas en los ojos y dijo que cada vez que se iba a dormir, tenía un recuerdo de su hijo cuando era un niño. Lo veía tal como era antes de que aparecieran los síntomas del trastorno bipolar. Yo sabía que él se le manifestaba en sus sueños, recordándole los mejores momentos que habían compartido los dos.

Pude decirle que él era así en el cielo: un niño sano y feliz.

Muchas veces la gente se preguntará qué pasa durante una lectura. ¿Cómo eligen los espíritus un recuerdo para compartir? A menudo, los espíritus rememorarán sus recuerdos favoritos en la tierra. Aunque dejan muchas cosas atrás, se llevan sus recuerdos al cielo. Así como sus fotografías son posesiones preciadas para ti, sus recuerdos son sus tesoros y los llevan consigo. A veces los compartirán con sus seres queridos, al igual que compartirías un recuerdo de Facebook que apareciese.

## ¿CUÁL ES LA MEJOR MANERA DE HONRAR LA MEMORIA DE MI SER QUERIDO?

Depende. Cada alma es diferente, pero lo importante es que no vienen de un lugar egoísta. Les encanta ver el impacto positivo que tuvieron en tu vida y quieren que tú hagas lo mismo con otras personas y cambies su vida. Si lo haces en su nombre, puede aportarte consuelo. ¡Y con eso ya se sienten satisfechos!

Los mejores tributos tienen en cuenta la personalidad del difunto.

Conocí a una mujer cuyo hijo había fallecido que creó una beca en su nombre. Todos los años donaba una beca completa para la universidad a la que él había soñado ir. Elegía entre muchos solicitantes, pero buscaba algo especial cuando seleccionaba al destinatario. Su hijo siempre había querido ser ingeniero, pero falleció trágicamente antes de poder entrar en la universidad. Cada año, concedía la beca a un candidato que consideraba que encarnaba los rasgos y las aspiraciones de su hijo.

Aunque su hijo no pudo cumplir todos sus objetivos en la vida, ella pudo honrar su legado con un fondo de becas.

No tienes que esforzarte mucho para honrar el legado de tu ser querido. Tendemos a pensar en honrar a alguien con una estatua o un fondo de becas. Sin embargo, ellos no piensan así. Ya están felices si puedes utilizar lo que te enseñaron y transmitirlo a otros.

## Un monumento a la alcachofa

Un alma con la que me comuniqué estaba encantada con la forma en que su receta especial se había convertido en la forma que su hija tenía para mantener viva su memoria. Antes de morir, le enseñó a su hija cómo preparar sus alcachofas rellenas especiales. Más adelante, la hija enseñó la receta a sus propias hijas, quienes a su vez la enseñaron a sus hijas. La abuela estaba encantada de mirar hacia abajo desde el cielo y ver cómo su preciada receta se transmitía de generación en generación. Y no sólo eso, sino que la familia compartiría las mismas viejas historias que acompañaban la preparación de la receta. Era un precioso recuerdo.

Puedes observar que las personas mayores se vuelven muy nostálgicas. Para ellas es importante que la familia valore las historias y los recuerdos familiares como lo harían con una reliquia familiar.

## Pasa el bastón

Otra forma de recordar a un ser querido es experimentar algo con lo que soñaba, pero no tuvo tiempo de hacerlo. Por ejemplo, si soñaba con ver la Gran Muralla China, podrías hacer un viaje y ten por seguro de que estaría allí contigo.

Hice una lectura para una señora y se manifestó su padre. Era fotógrafo y su profesión lo había llevado por todo el mundo. Siempre hablaba de escribir un libro sobre sus aventuras, pero falleció antes de poder escribirlo. Después de su muerte, su hija se puso a revisar sus diarios y fotografías, y se inspiró para escribir el libro ella misma. Terminó publicándolo como un libro para niños con todas sus fotos e imágenes. Ella nunca se hubiera sentido motivada para hacerlo si él no hubiera fallecido; cuando retomamos un asunto allí donde ellos lo dejaron, siempre nos ayudan en espíritu.

Mi propia abuela fue médium en una época en la que no estaba bien visto. No tenía la libertad de compartir abiertamente su don. Al ser yo mismo un médium, siento que estoy honrando su memoria y puedo sentir que me apoya y me ayuda en cada paso del camino.

Siento que he recogido el bastón de la mediumnidad que me entregó mi abuela, y ahora estoy yendo con él, y sé que ella me anima.

## ¿MI SER QUERIDO EN EL CIELO SABE (O LE IMPORTA) QUE TIRÉ SUS COSAS?

De acuerdo, tengo que preguntar: ¿las tiraste o las diste?

Había una mujer que guardaba cosas de manera compulsiva. Tenía toneladas de muebles y obras de arte viejos y siempre les decía a sus hijos: «Ésta es vuestra herencia». Ella creía que sus propiedades no tenían precio, pero cuando falleció y un tasador las revisó, determinó que tenían muy poco valor. La familia sacó lo que pudo de algunos de los muebles y donó el resto a beneficencia.

Cuando sus hijas acudieron a mí para una lectura, estaban convencidas de que ella las observaba desde el cielo, preguntándose qué habían hecho con sus cosas.

No tenían por qué preocuparse. Tan pronto como la mujer llegó al cielo, pudo ver sus preciadas propiedades como lo que eran, simples cosas. Se dio cuenta de que no le aportaban la misma felicidad a su familia que a ella. Quería que les dijera que no le importaban sus muebles y otros objetos; sólo quería estar segura de que pudieran sentir su amor desde el cielo.

### ¡Mi propia familia también se preocupa por esto!

Mi familia italiana tiene la tradición de apartan cosas para los miembros de la familia, para repartirlas después de su muerte. Mi abuela tenía un juego de porcelana que quería regalarle a su sobrino cuando se casara. Mi madre lo guardó durante veinte años, esperando que el hombre se casara con su novia de toda la vida. Finalmente perdió la fe en que se casaran y se la regaló igualmente, pero su novia se quedó con la porcelana cuando se separaron. Cuando finalmente se casó, no había porcelana y mi madre pensó que su madre se sentiría decepcionada. Recibí un mensaje de mi abuela, y resulta que a ella no le importaba nada. Su sobrino tuvo la oportunidad de quedarse con la porcelana, y eso era todo lo que ella deseaba. No le parecía importante desde su nueva perspectiva.

En un evento, un alma se manifestó riendo porque su hija había tirado accidentalmente sus cenizas. La chica fue cambiando de urna las cenizas de su madre para que combinaran con la decoración. ¡Cuando se mudó a una nueva casa, accidentalmente tiró a su madre! Se sorprendió al saber que su madre lo había visto todo, pero también se sintió aliviada de que su madre todavía estuviera con ella en espíritu, independientemente de dónde estuvieran sus cenizas. Se sintió consolada al saber que su madre estaba bien y que no le atormentaba que sus cenizas hubieran acabado en un vertedero.

## ¿PODEMOS TENER OTRA OPORTUNIDAD?

Como médium, no oigo muchas cosas sobre la reencarnación, y ésta es la razón. Las almas con las que hablo están en el cielo. Tienen enseñanzas, recuerdos y lecciones para compartir. No han venido a decirme que se han reencarnado, pero no es ninguna sorpresa. Están en otro lugar.

Pero por lo que entiendo de los espíritus que se manifiestan, la reencarnación es poco frecuente.

No entiendo la reencarnación. En mi caso, sólo quiero vivir una vez. Pero hay algunas almas que necesitan repetir su paso por la tierra en una nueva forma, y cuando lo hacen, reinician su propia vida.

A mi entender, la reencarnación tiene lugar cuando hay algo en nuestra vida que se ha cortado prematuramente, por lo que la misión y el sentido de nuestra vida nunca se llevó a cabo. Hemos llegado a este mundo con una hoja de ruta, o lo que mucha gente llama un destino. Podría ser crecer, conocer a nuestra alma gemela y contribuir a la vida y la sociedad de alguna manera. El destino de cada uno de nosotros es diferente. Si hay un alma que ha arruinado su vida y se ha desviado de su camino, es posible que no haya tenido la oportunidad de hacer el trabajo para el que nació. En casos raros, puede optar por volverlo a hacer y tratar de cumplir su destino original. Entiendo por el Espíritu que esto les puede pasar a los niños que mueren en el útero o poco después de nacer.

Una vez hice una lectura para una mujer que se había quedado embarazada muchas veces, pero nunca pudo dar a luz. De hecho, nunca había tenido un embarazo viable. Tenía embarazos ectópicos y la misma alma intentaba entrar una y otra vez. Eso no pasa siempre. Muchos bebés esperan que su madre, su padre y sus hermanos se unan a ellos en el cielo. El alma pasará al cielo y no se reencarnará.

Puedes pensar que muchos niños se reencarnan, pero mis contactos con el mundo de los espíritus no me lo han demostrado de ninguna manera.

Muchas religiones creen cosas diferentes, y yo no soy quién para confirmar o desmentir. Sólo sé lo que he aprendido de las almas que se me han manifestado.


## ¿QUÉ ASPECTO TIENE UN ALMA?

El alma es la versión perfecta del difunto. Tu alma eres tú, sin un solo defecto y sin ninguna enfermedad. Imagino que la mía pesa cinco kilos menos de lo que peso ahora, sin canas.

¿Cómo funciona? Si eres como yo, hay ciertos lugares de tu casa en los que la iluminación es perfecta y siempre te ves genial. Luego, hay lugares (me vienen a la cabeza las llamadas de Zoom) en los que la iluminación y el ángulo son tan poco favorecedores que intentas evitar mirarte a ti mismo. Sigues siendo la misma persona, pero pareces diferente. Te alegrará saber que tu alma siempre refleja lo mejor de ti, como tu espejo favorito de casa.

He hecho lecturas con espíritus que han perdido una extremidad y cuando se manifiestan, están perfectamente completos, tal como estaban antes de la amputación. Y no son sólo dolencias físicas. Enfermedades mentales, depresión, tristeza: cualquier problema se elimina cuando un alma hace el tránsito.

## ¿Qué edad tendrías si no supieras cuántos años tienes?

¡Piénsalo! Ésta es la edad de tu alma.

¿Alguna vez miras fotos tuyas de hace diez o veinte años y piensas: «Ése soy yo»? Algunas personas nunca cambian sus imágenes en las redes sociales porque, en su mente, así es como se ven y se sienten. Tengo una amiga que teme el día en que el Departamento de Vehículos Motorizados le haga cambiar la fotografía de su carné de conducir, ¡porque le encanta la de hace diez años!

Honestamente, el alma no tiene mucho que ver con la apariencia física. Refleja tu esencia pura y verdadera. Si alguna vez has visto a un ser querido en un sueño, sabes cómo es un espíritu. Aparecen en tus sueños como su verdadero yo idealizado.

Entiendo que la idea de un alma que aparece en forma física puede ser difícil de entender. Recuerda, un alma es energía pura y es un reflejo de quién fue en vida y el impacto que tuvo sobre los demás.

Una vez hice una lectura a una mujer cuya hermana gemela idéntica murió al nacer. Hablamos un poco antes de la lectura y ella me confesó que la cercanía que compartieron en el útero en realidad nunca llegó a desaparecer. Su hermana siempre estaba allí, merodeando justo fuera de su conciencia. Se miraba en el espejo y de repente se preguntaba qué aspecto tendría su hermana gemela si estuviera viva. Se preguntaba cómo vestiría su hermana gemela y cómo se peinaría. Tenía mucha curiosidad por saber la edad que tendría su hermana cuando se manifestara. ¿Sería un bebé recién nacido? Durante la lectura, la hermana gemela se manifestó exactamente a la misma edad que tenía su hermana. No tiene edad en el cielo, pero la vi como un reflejo de su hermana gemela viva.

# MÁS A FONDO

## *Crea una caja de recetas de recuerdos*

Cuando falleció mi abuela, mi madre conservó su caja de recetas con todas sus recetas escritas a mano en fichas. Era adorable para mi madre porque cada vez que preparaba uno de los platos de la abuela, veía las notas con su letra (junto con salpicaduras de aceite de oliva y salsa de tomate). Me dijo que se sentía como si su madre estuviera allí con ella mientras cocinaba.

Mi abuela era italiana, así que, evidentemente, ¡había muchas recetas valiosas en esas fichas! Pero no todo el mundo es cocinero. Y con tantas recetas y vídeos *online,* cada vez hay más personas que ni siquiera utilizan cajas de recetas o libros de cocina.

Esto me hizo ir un paso más allá con la caja de recetas y crear un repositorio de recuerdos. Busca una caja que represente a la persona. Puede ser el viejo joyero de tu madre o una caja de cigarros que perteneció a tu abuelo. Incluye una fotografía del difunto y algún objeto que lo represente. Asegúrate de tener algunas cartas o notas escritas a mano. ¡Ahora añade recuerdos! Escribe algunos buenos momentos que hayáis pasado juntos. Si no eres escritor, toma notas en el reverso de las fotos. Deja que todo el mundo contribuya.

Cuando eches en falta a tu ser querido, o simplemente quieras sentir su presencia, puedes revisar la caja. Puedes compartir tu caja con otros miembros de la familia y sacarla durante las celebraciones. Asegúrate de mantener «viva» la caja añadiendo más recuerdos, fotos y otros objetos a medida que los vayas encontrando.

Te prometo que tu repositorio de recuerdos será algo que valorarás ¡y te ayudará a atraer a tu ser querido en el cielo cada vez que lo abras!

# CAPÍTULO 6

## Pregunta al médium

*«Los médiums hablan un idioma que tanto los vivos*
*como los muertos entienden».*

### ¿PUEDE UN MÉDIUM HACER UNA LECTURA SI NO ESTAMOS EN LA MISMA HABITACIÓN?

Sí, sin ninguna duda. La gente me hace esta pregunta muy a menudo y, por lo general, se sorprenden al saber que, de hecho, muchas de mis mejores lecturas son por teléfono o FaceTime. Piénsalo así: si puedo recibir mensajes de las almas del más allá, puedo conectar fácilmente con una persona viva en cualquier parte de la tierra. Estoy contento trabajando con clientes por videoconferencia, pero últimamente me doy cuenta de que la gente prefiere las lecturas telefónicas. Al igual que yo, han aprendido que el mejor medio tanto para el médium como para la persona que recibe la lectura es el que aporte menos distracciones.

También encuentro que puedo captar detalles sorprendentes en la radio. Las personas que llaman a la radio son igual que cualquier lectura telefónica. Consigo la conexión más pura cuando no puedo ver las expresiones faciales y las reacciones de la persona que recibe el mensaje. Por esa misma razón, desanimo a las personas a me den respuestas largas y completen información durante una lectura. ¡Es mejor dejar que se comunique el espíritu!

Te diré algo: que un médium insista en verte en persona o por videoconferencia durante una lectura debería suponer un toque de atención. Puede significar que depende de pistas visuales tuyas para construir su mensaje.

Una cosa más. Me gusta hacer una lectura para una sola persona a la vez, porque hay más posibilidades de que el alma que quieres se manifieste si estás solo. Hago hincapié en esto cada vez que programo una lectura privada, pero hay algunas personas que no lo entienden y pretenden romper las reglas.

## ¡Esto no es una línea compartida!

Un día estaba haciendo una lectura para una mujer, y su esposo se manifestó. ¡O al menos eso es lo que yo pensaba! Le dije: «Tu esposo tiene un mensaje para ti».

«¡No, no, no!». Ella juraba que su esposo no estaba muerto. Yo estaba confundido, porque el alma insistía. Sintonicé para obtener más detalles y capté el nombre de Henry.

«¿Alguna vez estuvo casada con un hombre llamado Henry?», le pregunté.

¡Ay no! La mujer se quedó muy callada. Ella lo admitió tímidamente: «Ése es el esposo de mi amiga; ella está escuchando en otra línea». Bueno, la amiga logró una gran lectura y la mujer que la pagó se la perdió.

No siempre es culpa del cliente si se cruzan los cables. A veces un alma sabe que no es su turno, pero le da igual.

## Hablar fuera de turno

Recuerdo una vez que estaba participando en un programa de radio. La presentadora me preguntó si estaba captando algo. Se manifestó un padre que había muerto en un terrible accidente de automóvil. Estaba recibiendo muchos detalles, pero ninguno de ellos tocaba la fibra sensible de la presentadora. De repente, la productora interrumpió la conversación. Esto nunca sucede en un programa de radio, pero no pudo evitarlo, porque el alma que se estaba manifestando era la de su padre. ¡La presentadora estaba un poco molesta!: «Se trata de mi programa y se suponía que la lectura debía ser para mí». Pero el espíritu realmente necesitaba manifestarse a la productora, porque tenía asuntos pendientes que aclarar con ella. Había muerto repentinamente y no tuvo la oportunidad de despedirse. Después también obtuve un mensaje para la presentadora, pero resultó que era una persona de la que no quería saber nada. ¡Simplemente no fue su día!

La gente piensa que estar delante de un médium es importante, pero no importa en absoluto. De hecho, ocurre todo lo contrario. Pero hay cosas que es importante saber si quieres hacer una lectura precisa, y ahora te las contaré.

## NO HE LOGRADO UNA BUENA LECTURA. ¿QUÉ HA PASADO?

Lo primero que debes recordar es que todos los psíquicos y médiums son humanos, y ocasionalmente pueden tener un mal día. Como médium, necesito estar en mi mejor momento cuando estoy haciendo una lectura o un evento, porque conectarme con el otro lado es muy agotador. Por eso tengo una «cláusula de escape» en mi acuerdo para lecturas privadas. Me da la opción de reprogramar la lectura si tengo migraña o gripe. Si no estoy bien, se reflejará en la lectura, y siempre quiero asegurarme de que mis clientes tengan la mejor experiencia posible.

A veces, incluso con una cláusula de escape, las cosas pueden torcerse. Por ejemplo, durante una gira nacional tuve un cálculo renal. La gente había esperado meses para el evento y el recinto no me permitía reprogramarlo. Me dieron toneladas de medicamentos y lisa y llanamente me empujaron al escenario. ¡Déjame decirte que vi mucho más que gente muerta en esa gira!

Aun así, el Espíritu se manifestó en ese evento, pero me di cuenta de que los mensajes eran algo confusos y que los detalles no eran tan precisos como de costumbre. No creo que la audiencia se diera cuenta, pero yo sí. Sabía que no estaba en mi mejor momento.

Cualquier cosa que afecte mi cerebro, como medicamentos, una sinusitis o una migraña, puede afectar mis lecturas.

No dejo que cosas generales como estar de mal humor se interpongan en mi camino. Si he discutido con mi familia o estoy preocupado por algo, puedo dejarlo a un lado. No siempre ha sido así, pero he aprendido a permitirme una buena media hora para concentrarme antes de un evento. No diría exactamente que medito, pero tengo mi propia técnica para serenar mi mente y concentrarme. Es meditación al estilo de Matt Fraser.

Como cualquier profesional, tengo mis rituales para asegurarme de darle a mi audiencia y a mis clientes lo que han venido a buscar. Cuando me preparo para hacer una lectura, no como nada justo antes y sólo bebo agua o café. Definitivamente, tengo una política de no beber alcohol el día de un espectáculo. Nunca me ha gustado el alcohol porque embota mis sentidos y eso incluye mi habilidad psíquica.

## ¡No soy yo, eres tú!

A veces tengo un gran día y siento que las lecturas son acertadas, pero el cliente no está contento. ¡Por lo general, eso se debe a que no se dan cuenta de que el Espíritu es quien lleva las riendas! Algunas personas llegan a una lectura con expectativas muy específicas, como si hubieran planeado la lectura antes de comenzar. Deciden en su propia cabeza a quién quieren oír y qué tipo de cosas quieren que el alma diga. Tengo que anunciar que no funciona así. Tampoco tengo el control de lo que sucede. Un médium puede hacer una petición, y lo más probable es que la persona se manifieste. Pero las almas del cielo tienen una mente propia, e incluso el mejor médium no puede obligarlas a manifestarse si no están preparadas.

Un consejo más es que es importante elegir un médium que se adapte a ti desde el punto de vista de la personalidad y ser consciente de su especialidad. ¡Sí, hay especialidades! Es posible que necesites un médium para conectar con un ser querido fallecido, un psíquico para guiarte por tu propia vida, un médium médico para problemas de salud o incluso un médium para mascotas.

## Un 90 % de precisión es un sobresaliente

Una buena lectura psíquica debe tener una precisión de alrededor del 90 %. Llegar al 100 % es raro porque las visiones no siempre son muy claras. Las cosas pueden variar ligeramente con la traslación. Podría tener una visión de tu esposo montado en una moto, cuando en realidad conducía un ciclomotor. Todo pasa por el médium, por lo que depende de su marco de referencia. ¡Tal vez tu abuela esté jugando a la canasta, pero yo lo veo como *bridge* porque no conozco todos los juegos de cartas!

Además, algunos espíritus no son buenos comunicadores. Si tu padre nunca hablaba cuando estaba vivo, no tendrá el don de la palabra en el otro lado, por lo que es posible que no pueda proporcionar al médium todos los detalles necesarios para una lectura clara.

A veces te preguntarás: «*¿Qué está diciendo este médium?*». Incluso aunque no entiendas quién se está manifestando, toma notas durante o después de la lectura. Algunas percepciones que no te han llegado a lo más hondo cuando las has oído por primera vez, podrían tener mucho sentido dentro de unos pocos meses.

La conclusión es que debes confiar en el médium antes de reservar tu lectura. Lo mejor es el boca a boca, pero si no puedes conseguir una referencia, haz tus deberes. Visita el sitio web de un posible médium y confía en tu intuición.

## ¿QUÉ PASA SI MI SER QUERIDO NO SE MANIFIESTA EN UNA LECTURA?

Si el alma con la que quieres conectar no se manifiesta, no pienses lo peor. Hay muchos motivos diferentes por los que tu ser querido no te ha hablado. Esto no significa que la persona no haya llegado al cielo, sino únicamente que ha habido factores que han bloqueado la conexión en ese momento y en ese lugar concretos. Éstos son los más frecuentes.

1. El momento no es el adecuado. Por lo general, eso significa que es demasiado pronto. Cuando un alma hace el tránsito, pasa por algo llamado «revisión de la vida espiritual». Se trata de un proceso de transición en el que el alma deja ir toda la ira negativa, los rencores y los arrepentimientos a los que se aferraba aquí en la tierra. Todo el proceso es como mudarse a un piso nuevo: tiene que acomodarse completamente antes de estar preparado para comunicarse contigo.
2. Tu pena es demasiado reciente. El espíritu puede tratar de manifestarse, pero la pena puede suponer un muro entre los muertos y los vivos. La pena nos hace cuestionarnos a nosotros mismos, a nuestros seres queridos e incluso a nuestra fe. La pena extrema te cierra emocional y energéticamente, y eso puede ser un problema. Tienes que estar abierto y receptivo para que el espíritu se manifieste.
3. Su mensaje no te ayudará. Las almas no pasan sólo a saludar. Su objetivo es entregar un mensaje que te ayude a tener una vida mejor, lograr pasar página, aprender una lección o sanar. Si no tienen nada interesante que decir, o si no creen que te encuentres en condiciones de beneficiarte de su mensaje, esperarán un mejor momento. Su deseo es que te centres en vivir, no en buscarlos y construir tu vida a su alrededor. Por esa razón, consideran cuidadosamente el momento y el valor de sus palabras antes de compartirlas.

Recuerda siempre que los espíritus se manifiestan porque hay algo que tienen que decirte. Intentarán hablar contigo cuando estés en problemas o te enfrentes a un desafío, o para terminar una conversación importante que no pudieron terminar en este mundo.

Si tu ser querido no se manifiesta en una lectura, no significa que no esté contigo. Sencillamente significa que está esperando el momento adecuado, para ambos, para hablar. Se manifestará cuando sea el momento adecuado; y mientras esperas, estate atento a las señales de que te acompañan.

## ¿CUÁNTO DEBO ESPERAR ENTRE LECTURAS?

Una lectura es una buena manera de recibir percepciones, herramientas e información para ayudarte a mejorar tu vida, pero te recomiendo que limites las lecturas a una cada año más o menos. Por lo general, una lectura te dará aproximadamente un año de información; pero recuerda, estás destinado a vivir tu propia vida, no a ser guiado las 24 horas del día los 7 días de la semana por los espíritus.

¡Aunque las almas lo ven todo, no están ahí para darte todas las respuestas! Es imposible engañar a la vida y tomar siempre las decisiones correctas. Fuimos diseñados para aprender a través de ensayo y error. Es perfectamente normal tener dudas y, ocasionalmente, tomar la decisión equivocada. En el cielo las almas entienden que tienes libre albedrío y quieren que, ante todo, confíes en ti mismo. Cuando sea apropiado, te darán información, pero no pueden tomar decisiones por ti. Y no quieren hacerlo porque saben que eso no te ayudará a crecer.

Cuando alguien a quien quieres fallece, es mejor esperar alrededor de un año antes de reservar una sesión con un médium. No sólo el mensaje será más potente, sino que estarás en una mejor posición para recibirlo. Si no puedes esperar o si tu intuición te dice que hay algo que necesitas escuchar, intenta asistir a una lectura grupal en lugar de una privada. Puedes escuchar de esa persona especial, o puedes escuchar de otra persona en espíritu que fuera cercana y querida por ti. Incluso aunque no establezcas una conexión directa, irás sintiéndote inspirado después de presenciar los mensajes recibidos por otros. Ten la seguridad de que, cuando llegue el momento adecuado, tu ser querido se manifestará con un mensaje muy especial para ti.

## ¿Cómo sé si un psíquico o un médium es «de verdad»?

Si te estás haciendo esta pregunta, es probable que algo ya haya activado tu intuición para ser cauteloso. Si crees en la mediumnidad, pero tienes dudas sobre una persona en particular, ten cuidado. No es tu médium.

Utiliza tu intuición, haz tus deberes y confía en tus sentimientos. Es como en una primera cita. Si aparecen señales de alarma y te sientes incómodo, ¡actúa!

Hablar con un médium debe ser como hablar con un viejo amigo, con alguien que «te entiende». Pero al mismo tiempo, el médium debe centrarse en ti. No debería hablar demasiado sobre sí mismo, y no deberías sentirte como si te estuviera tratando de vender algo. Ten cuidado si un médium utiliza tácticas intimidatorias y te dice que te han lanzado un hechizo o una maldición. A eso suele seguirle un intento de venderte algo. Soy incapaz de contar cuántas personas me llaman en estado de pánico: «Un médium me ha dicho que me han arrojado un maleficio y quiere que le pague para quitarlo». Eso no es una señal de alarma, es una pancarta gigante que dice ¡CUIDADO!

Acabamos de hablar sobre el hecho de que probablemente sea suficiente una lectura privada al año. Un médium no debería obligarte a hacer muchas lecturas. Creo en dar a mis clientes toda la información que recibo, en ese momento y lugar. Tu ser querido no quiere que pases demasiado tiempo con un médium. En primer lugar, porque tu ser querido no siempre tiene nueva información útil, y en segundo lugar, porque quiere que vivas tu propia vida.

### La misión de un médium

Un médium tampoco debería hacer promesas. Por supuesto, debería poder enviarte un mensaje, pero conectar con un alma no es una ciencia exacta. El alma es quien determina si va a manifestarse, no el médium.

Si un médium tiene algo para ti, debería decírtelo. Le hice a una mujer una lectura increíble en un evento. Después, otro médium se le acercó y le dijo: «¡Tu padre tiene más cosas que explicarte!». Le dio a la mujer su tarjeta y pretendía cobrarle más lecturas.

No hay «horarios de oficina» cuando eres médium. Si veo un espíritu alrededor de alguien en el mercado o en el Dunkin' Donuts y siento que es importante establecer una conexión, me acercaré a esa persona y se lo haré saber. Por supuesto, siempre soy respetuoso con la persona y me aseguro de que esté receptiva a recibir un mensaje, pero no hay que seducirla. Si está dispuesta, le entregaré el mensaje.

Claro, tengo eventos y programo lecturas para la gente, pero mi misión principal es entregar los mensajes del Espíritu a sus seres queridos, no buscar nuevos clientes.

## ¿PUEDE MI SER QUERIDO DECIRME DESDE EL MÁS ALLÁ CON QUIÉN ME DEBO CASAR?

Tus seres queridos nunca tomarán decisiones por ti. Pueden guiarte, pero tienes que vivir tu propia vida y eso incluye tomar tus propias decisiones.

Sin embargo, a veces el Espíritu se manifestará y te pondrá en aviso sobre alguien que entrará en tu vida. Incluso podría hacerte saber lo que siente por esa persona. Pero eso es todo. Que salgas con esa persona o te cases con ella, depende de ti.

Tenía una amiga que acudió a mí para pedirme consejo. Se sentía sola y quería conocer a alguien. Pero estaba estudiando para ser enfermera y le quitaba muchas horas. Para dificultar aún más las cosas, no era una persona juerguista y tenía problemas a la hora de establecer conversaciones porque era muy tímida y seria. No tenía tiempo para reuniones sociales y cuando tenía tiempo, se desanimaba porque no conocía al tipo de personas adecuado.

Vino a una lectura y quería saber si alguna vez tendría una relación romántica. Se sentía desesperanzada, pero se manifestó su abuelo y le dijo que conocería a una persona llamada Ryan, con quien establecería una profunda conexión. Él le dijo que ella no era como las otras chicas, no era el tipo de persona que casualmente salía con mucha gente. Él la tranquilizó: «Cuando llegue el adecuado, golpeará fuerte».

Ella no se lo terminaba de creer. No podía pensar en nadie llamado Ryan entre su círculo social. Le dije: «¡No te preocupes! Limítate a esperar».

Un año después, recibí una llamada de ella. ¡Estaba en una nube! Había conocido a un hombre maravilloso llamado Ryan y se habían comprometido.

A veces perdemos la esperanza y nuestros seres queridos nos ayudan a seguir por el buen camino. Quieren que tengamos esperanza en el futuro, no que nos desanimemos.

Sin embargo, hay algunas lecturas que no son tan claras como ésta. Es posible que conozcas a varios hombres o mujeres antes de conocer a tu alma gemela. Es posible que tu abuelo te vea con un Steve, pero puede que sea o no tu alma gemela. Steve podría ser simplemente una pareja romántica que conoces en el camino para encontrar a tu verdadera alma gemela.

Lo que realmente me desternilla de risa es cuando le digo a alguien la predicción del Espíritu de que conocerá a alguien y me pregunta: «¿Me gustará esta persona?».

Sí, el Espíritu está viendo tu futuro, no creándolo. No está arreglando un matrimonio desde el más allá, aunque podría intentar poner a alguien en tu camino. ¡En última instancia, la decisión sobre quién te enamorarás es tuya!

Quiero señalar que no siempre obtengo un nombre en una lectura. El alma no siempre me dará un nombre, y no es porque no lo sepa. Pero en algunos casos, siente que podrías estar demasiado influenciado por saber ese nombre. No quiere que sientas que cada Nancy que conozcas es «ella».

## HE TENIDO UNA LECTURA PSÍQUICA Y LA PREDICCIÓN NO SE HA CUMPLIDO. ¿POR QUÉ?

Puede haber muchas razones por las que las cosas no suceden exactamente como se había predicho, pero (interrúmpeme si ya he dicho esto antes) las principales son el libre albedrío y el *timing* divino.

A veces la predicción se hace realidad…, ¡pero tú te interpones en el camino!

Una vez conocí una mujer que optaba a un puesto de trabajo. Suponía un gran paso adelante en su carrera y realmente lo deseaba. En una lectura, se manifestó su abuela y le dijo: «¡Sí, conseguirás el trabajo!». Pasó varias entrevistas y finalmente la empresa le ofreció el trabajo. Estaba muy contenta y el hecho de que su abuela hubiera predicho el nuevo trabajo le dio confianza. De hecho, tal vez estaba un poco demasiado confiada.

Cuando llegó el momento de negociar los detalles, la empresa quería que se mudara y comenzara a trabajar en dos meses. Ella, en cambio, quería al menos seis meses para establecerse antes de comenzar, y no cedía en su demanda. ¡Por culpa de su lectura, no pensaba que tuviera que llegar a un acuerdo! Se equivocó y le dieron el puesto al siguiente candidato.

Lo que su abuela había predicho era cierto, pero el libre albedrío –y tal vez un exceso de confianza– se interpuso en el camino.

## El timing lo es todo

A veces, una predicción no se cumple por culpa del *timing* divino. Un médium podría predecir que tendrás una relación con una chica de la que estás enamorado. Basándote en esto, invitas a salir a la chica, pero ella nunca acepta tus insinuaciones y termina considerándote un amigo. Diez años después, en una cena de viejos compañeros de clase, podríais terminar juntos. Durante diez años has pensado que el médium se había equivocado, pero no era así. Sencillamente no habías entendido el *timeline*.

### *El tiempo es diferente en el otro lado*

Esto saca a colación un tema interesante. Con las lecturas psíquicas, el tiempo es fluido. El futuro siempre está cambiando y hay todo tipo de influencias que pueden afectar los resultados. Utiliza tu lectura como guía y no esperes obtener un cronograma preciso de acontecimientos.

Por ejemplo, en mi familia, mi madre le da a la familia una lectura como pequeño regalo o sorpresa. Dado que mi madre lee la vida, ve sobre todo acontecimientos, hitos y logros en la vida. ¡Lo que hemos aprendido a hacer es crear una lista de control psíquica a partir de nuestras lecturas! Anotamos todo lo que dice. En mi familia todos tenemos cuatro o cinco páginas de predicciones de mi madre.

La otra noche, Alexa decidió sacar su lista de control de lecturas. Cada vez que comprobaba algo, anotaba la fecha. Al repasar su lista, vio que algunas predicciones pasaron de inmediato, mientras que otras tardaron años en manifestarse. A ambos nos pareció interesante ver cómo se habían ido desarrollando con el tiempo las predicciones de mi madre.

Mientras Alexa revisaba su lista, decidí sacar algunas de mis propias notas de mi primera lectura como médium con la médium que me había iniciado en mi viaje. Casi doce años después, algunas cosas que me dijo esa médium siguen ocurriendo.

## ¿CÓMO PUEDO MEJORAR MIS POSIBILIDADES DE QUE MI SER QUERIDO SE MANIFIESTE EN UN EVENTO GRUPAL?

No hay ninguna garantía de que seas seleccionado para una lectura cuando asistes a un evento grupal, pero una cosa es segura: pase lo que pase, te irás sintiéndote más conectado con tu ser querido en el cielo.

Así pues, teniendo en cuenta que el Espíritu es quien lleva las riendas, hay algunas cosas que debes recordar cuando asistas a tu próxima lectura grupal (bien sea en persona u *online*).

### *Ve y siéntate en cualquier lugar*

Algunas personas sienten que necesitan estar en la primera fila, pero una demostración de mediumnidad en directo no es un concierto de rock. Todas mis entradas suelen tener el mismo precio, y hay una razón para que sea así.

Cuando llegues a una lectura, no te preocupes por el lugar que ocupas en la sala, porque no importa en absoluto dónde te sientes. Si tu ser querido tiene un mensaje para ti, te encontrará. He recibido prácticamente el mismo número de mensajes para personas sentadas en la parte trasera de la sala que para personas sentadas en la primera fila. Lo importante es llegar al evento con el corazón abierto y una actitud positiva.

Cada evento es una experiencia de grupo, y cada asiento es un buen asiento. Es posible que sea guiado hasta la última fila para entregarle un mensaje a una madre que ha perdido a su hijo, y poco después me podría llevar hasta el medio de la sala para hablar con una mujer que ha perdido a su hermana. Cuando entro, nunca sé a dónde irán los mensajes, todo lo que sé es escuchar y seguir la dirección del Espíritu.

## Sé consciente y paciente

Cuando tu ser querido tiene un mensaje para ti, ese mensaje te llegará cuando sea el momento adecuado. Los mensajes del cielo no siempre llegan cuando queremos o cuando pensamos que deberían llegar, sino que los mensajes llegan cuando los necesitamos y cuando se supone que debemos recibirlos. Y cuando digo «sé consciente», hay una buena razón para ello. Si estás demasiado centrado en lo que quieres, es posible que te pierdas una percepción importante de la lectura de otra persona que podría ayudarte en tu propia vida.

Recuerda que el tiempo no importa. Si tu ser querido ha fallecido recientemente, eso no hace que sea más probable que tengas noticias suyas. Muchas veces, las almas que fallecieron hace años se manifiestan con más fuerza. Si no recibes un mensaje durante una lectura, eso no significa que tu ser querido no quiera hablar contigo. Puede que no sea el momento adecuado o que haya otras almas que tengan un mensaje más urgente para otra persona de la sala.

## Trae recuerdos, no objetos de recuerdo

En realidad, las pertenencias no ayudan cuando se trata de recibir un mensaje en una lectura grupal. Tus seres queridos están conectados contigo. Para tus seres queridos en el cielo, los recuerdos y la conexión del alma que compartís son mucho más importantes que cualquier objeto físico. Los objetos físicos son excelentes a la hora de ayudarte a sentir la conexión, pero no le importan al médium ni a tus seres queridos. Tráelos si te hacen sentir bien, pero recuerda que la conexión está en tu corazón, no en tus manos.

## Ten la mente y el corazón abiertos

A veces puedes asistir a un evento con la esperanza de escuchar un mensaje de tu madre, pero en su lugar aparece tu padre. Depende de quién tenga algo importante que decir. Incluso puedes recibir un mensaje de alguien que no te cae bien o de alguien de quien ni siquiera quieres saber nada. A veces, un exesposo llegará con un mensaje para disculparse por el mal comportamiento. Es muy importante tener la mente abierta y ser receptivo a lo que se presente en tu camino.

Una última cosa. Mantén los ojos y los oídos abiertos después de un evento. Escuchar los mensajes y sentir la energía en la sala es tan poderoso que muchas personas explican que han notado señales y sentido a sus seres queridos con más fuerza durante las semanas posteriores. También puedes encontrarte pensando en una lectura que recibió otra persona y darte cuenta de que, de alguna manera, ese mensaje también iba para ti.

## ¿DEBO LLEVAR A UN MÉDIUM ALGUNA DE LAS PERTENENCIAS DE MI SER QUERIDO?

Si recibes una lectura de mí, no es necesario que traigas relojes, fotografías, llaves o cualquier otro objeto. Pero en realidad depende del médium. Recuerda, todos los médiums conectan con el Espíritu de manera diferente, por lo que para algunos podría ser útil tener un objeto personal.

En mi caso, la forma en que siento o percibo el Espíritu es que veo al difunto detrás de la persona a la que le debo hacer la lectura. Cuando veo el alma allí de pie, sé que tengo que acercarme y entregar un mensaje.

He tenido personas que han traído cenizas, fotografías, mechones de pelo… Una mujer incluso trajo el ojo de cristal de su esposo. En realidad, nada de eso me ayudó a conectar con el espíritu de su ser querido.

A veces, las personas creen que traer una fotografía o un objeto personal les dará una ventaja, o quizá les ayudará a captar la atención del médium. Nunca olvidaré el momento en que estaba presentando una lectura y le pedí a una fila de personas que se pusiera de pie. Pude ver claramente un espíritu detrás de una pareja y de sus hijos adolescentes. Me concentré en el espíritu que se estaba manifestando y mientras le estaba dando a la familia su mensaje, seguía sintiendo algo detrás de mí, y me estaba dando patadas. ¡No sabía qué demonios estaba pasando! Miré a mi alrededor y una mujer del público me estaba golpeando en la espalda con la bota de vaquero de su padre. Había traído la bota y se pasó todo el evento agitándola y sosteniéndola en el aire… ¡hasta finalmente me golpeó con ella! ¡Supongo que estaba haciendo estas cosas extrañas para llamar mi atención, o tal vez para llamar la atención de su padre en el otro lado! Realmente no sé lo que estaba pensando. Pero él no tenía ningún mensaje para ella, y ni todas las botas del mundo iban a traerlo.

Pero da igual cuántas veces lo diga; la gente siempre probará estas cosas. La gente me golpea con objetos mientras camino por los pasillos, me muestra fotografías… una mujer llevó un globo con la cara de su esposo a un evento. Ese globo me llamó la atención, pero no trajo a su esposo.

## ¿ALGUNA VEZ TE EQUIVOCAS EN UNA LECTURA?

Por supuesto que me he equivocado. Soy humano y cometo errores. Como he dicho, el Espíritu nunca se equivoca, pero hay momentos en los que no transmito correctamente un mensaje. Los mensajes no siempre son precisos y, como he dicho, hay algunas cosas que pueden enturbiar las aguas con una lectura. El momento puede suponer un problema, al igual que la propia interpretación de las señales y de las imágenes por parte del médium.

## Cuando el momento sea el adecuado, el mensaje tendrá sentido

Cuando pienso en mensajes que parecían equivocados, pero que resultaron no serlo, siempre me viene a la mente éste. Una vez, Alexa compitió en el concurso de Miss Rhode Island. Este certamen tenía un concurso para mayores de edad y otro para adolescentes. Alexa estaba en el grupo de mayores de edad. No traté de predecir el resultado de Alexa, porque me tocaba demasiado de cerca, así que me concentré en el concurso de adolescentes. En la categoría de adolescentes, las chicas salieron al escenario y hubo una en particular que me llamó la atención. En el momento en que la vi, tuve una visión nítida de ella llorando en el escenario mientras la coronaban Miss Teen Rhode Island. Le dije a mi familia que iba a ganar y me recliné en mi butaca para ver cómo se hacía realidad mi predicción… ¡sólo para estar completamente equivocado! La chica que predije quedó entre las cinco primeras, pero estuvo lejos de ser la ganadora. Llegué a casa y le expliqué a Alexa lo que había pasado. Estaba muy desconcertado porque el Espíritu nunca se equivoca, y no podía entender cómo podía haber malinterpretado una visión tan vívida. Después de un rato, lo olvidé y ya no me preocupé mucho por eso. Al año siguiente, Alexa volvió a participar en el concurso. La adolescente también estaba allí, y esta vez cuando llamaron a la ganadora… ¡era ella! Toda mi visión del año anterior me anegó de nuevo. Ella estaba llorando en el escenario, con un ramo de flores entre las manos, mientras la gente aplaudía. Era tal como lo había imaginado. Me di cuenta de que mi predicción era correcta, pero la cronología no era la que anticipé.

¿Qué significa todo esto cuando tú eres la persona que recibe una lectura? Cuando acudas a un médium, ten la mente abierta. Recuerda que el médium está juntando imágenes, palabras, impresiones e incluso sentimientos físicos en su propio cuerpo. No presiones demasiado tratando de que el mensaje encaje, pero recuerda que el *timing* o los detalles pueden no ser exactamente los esperados. Recuerda sus palabras e incluso toma algunas notas. ¡Lo que no te parece acertado durante una lectura, podría tener mucho sentido en unas pocas semanas, unos meses o incluso unos años!

# MÁS A FONDO

*Encuentra las respuestas dentro de ti*

---

Los médiums hablan con las almas del otro lado, pero cuando no hay un médium cerca, ¡recurre a tus ángeles! ¡Recurre a tus seres queridos en el cielo! Si tu madre fue la persona con la que hablaste de relaciones, aún puede ayudarte. De hecho, nada le gustaría más.

Éstos son algunos de los ángeles más a menudo llamados y cuál es su «especialización».

- Cuando piensas en protección, probablemente te venga a la mente el arcángel Miguel. Te protege de la energía negativa, los accidentes y las enfermedades. El arcángel Miguel siempre está ahí para protegerte y brindarte la energía del amor cuando la necesites.

- El arcángel Rafael es un ángel sanador. Puede ayudarte a recuperarte de una enfermedad o de una lesión, y también es el ángel al que acudir cuando estés deprimido o sufras un trauma emocional. Si tú o alguien a quien quieres está enfermo, perdido o en apuros, puedes pedir su ayuda con una oración o una plegaria silenciosa.

- Si eres estudiante o tienes que tomar una decisión importante, puedes recurrir al arcángel Uriel. Uriel es el ángel al que acudes cuando buscas conocimiento, información o una cabeza sabia que te ayude con una decisión difícil. ¡Sencillamente invítalo a que venga, hazle su pregunta y compartirá su sabiduría divina contigo!

- El arcángel Ariel es el ángel asociado con los animales. Puedes llamarlo para que te dé consejo y cure a tus amigos peludos o emplumados.
- Si eres escritor, profesor u orador, encontrarás en el arcángel Gabriel una fuente inestimable de apoyo e inspiración en las áreas de la comunicación y la creatividad.

Es raro ver un ángel, con alas y todo, así que, ¿cómo sabes cuándo recibes consejo, orientación, aliento y protección de una fuente divina? La respuesta es bastante simple: escucha a tu corazón. Si sientes una sensación cálida y segura, o te sientes guiado por un ser que sólo quiere lo mejor para ti, ¿sabes qué? ¡Pues que los ángeles están contigo!

Ah, y una última cosa. Cuando pides la ayuda de un ángel —ya sea para que te ayude a conseguir el trabajo de tus sueños, para superar una grave enfermedad o simplemente para encontrar las llaves de tu vehículo— y te la ofrecen, no olvides enviar una pequeña oración de agradecimiento. ¡Incluso a los ángeles les gusta ser valorados!

# CAPÍTULO 7

# Amor y relaciones

*«Puede que tengas muchas parejas en la vida, pero sólo una es tu verdadera alma gemela».*

## SI MI NOVIO FALLECE ANTES DE QUE NOS CASEMOS, ¿NOS REUNIREMOS EN EL CIELO?

Esta pregunta surge de una lectura que hice no hace mucho tiempo.

### *No te preocupes por el papeleo...*

Una mujer llamada Jessica acudió a mi evento tras una experiencia desgarradora. Su prometido había fallecido trágicamente justo antes del día de su boda. Estaba destrozada, pero se sintió aún peor cuando un familiar le dijo que como el matrimonio no había sido bendecido en una iglesia, los dos no estarían juntos en el cielo.

Afortunadamente, su prometido se manifestó para poner los puntos sobre las íes a todo el mundo. Le aseguró a Jessica que la estaba observando todos los días y que, como espíritu, podía ver su futuro. Quería que viviera su vida y continuara su viaje, pero sabiendo que se reunirían en el más allá. Seguro de que él era su verdadera alma gemela, la instó a salir y amar a otras personas.

Aunque Jessica no quería estar con nadie más, terminó casándose con el mejor amigo de su prometido. Estaba convencida de que nunca habría otro hombre como él, pero su nuevo esposo se parecía tanto a él que casarse con él era la siguiente mejor opción. Ambos encontraron consuelo y un tipo de amor diferente entre ellos, y juntos mantuvieron vivo su recuerdo.

Lo último que su prometido me pidió que le comunicara a Jessica fue que su mayor deseo era que ella viviera su vida al máximo, sabiendo que estarían juntos en la eternidad.

Esto prueba lo que he dicho una y otra vez. No comprueban certificados de matrimonio ni papeles de divorcio en el cielo. Todas las decisiones se reducen al alma. Las almas que comparten una conexión profunda en este mundo y están verdaderamente enamoradas siempre terminarán juntas en el cielo.

El prometido de Jessica no estaba preocupado porque sabía que acabarían reuniéndose. Hasta ese momento, no quería que ella se perdiera las cosas que habían planeado hacer juntos. De esto se deduce que no existen los celos en el cielo, lo que nos lleva a nuestra siguiente pregunta.

## ¿ESTÁ MOLESTO MI ESPOSO FALLECIDO PORQUE ESTOY SALIENDO CON OTRA PERSONA?

Es un poco difícil de entenderlo porque nos imaginamos a nuestro ser querido acercándose a su experiencia en el cielo como lo hizo en vida en el mundo físico. El hecho es que, ahora que está en el cielo, ve las cosas con una perspectiva diferente.

Las personas no cargan con los celos o el resentimiento cuando fallecen. Sencillamente no hay lugar para emociones fuertes como ésa en el cielo. Independientemente de cómo se hayan comportado en la vida, en el cielo, las almas proceden de un lugar de amor. Eso puede ser difícil de entender para sus seres queridos en la tierra.

## Tu alma gemela quiere una cosa: ¡que seas feliz!

Recuerdo haber hecho una lectura para una mujer cuyo esposo era muy celoso cuando estaba vivo. Quería a su esposa para él solo y ni siquiera la dejaba tener amigos hombres. Por desgracia, también tenía problemas de adicción y falleció a una edad muy temprana. A pesar de sus defectos, su esposa lo había amado profundamente y cayó en una depresión tras su muerte pensando en los planes que nunca llevarían a cabo y en las cosas que nunca podrían hacer juntos.

Vivía su vida como si todavía estuviera vivo, y no hablaba ni miraba a otros hombres.

Acudió a mí para una lectura, y su esposo se manifestó de inmediato. Mirando hacia atrás con su perspectiva celestial, se dio cuenta de que, por culpa de su adicción, le había robado la vida que ella había soñado. Le dijo que le enviaría un viejo amigo con el que tendría una relación.

¡La lectura se empezó a torcer a partir de ese momento!

La mujer se asustó: «¡Ése no es mi marido! ¡Él nunca querría que mirara a otro hombre!».

Ella sencillamente no podía entender que, desde su nuevo punto de vista, él podía ver más claramente. Él explicó que no era su culpa de ella que hubiera muerto. Había tomado una decisión, y ahora quería hacer las cosas bien.

A ella le costaba creerlo.

Necesité (con la ayuda de su esposo) algo de tiempo para convencerla. Finalmente, estas palabras le llegaron: «Estoy en paz en el cielo. No tengo dolor... entonces, ¿por qué querría que vivieras con dolor todos los días?».

A menudo me pregunto qué pasa con mis clientes después de irnos cada uno por su lado, y en este caso lo descubrí.

Me encontré con la mujer años después. Estaba casada y tenía un hijo, y mirando hacia atrás, se dio cuenta del lugar oscuro e infeliz en el que había estado viviendo antes de nuestra lectura.

A pesar de que tenía un nuevo esposo y familia, su primer esposo ocupaba su corazón. Era libre de mantener una conexión del alma con él porque ya no sentía que la estaba juzgando. A pesar de todo, él había sido su verdadera alma gemela y estaba en paz sabiendo que en el próximo capítulo volverían a estar juntos.

Hablaremos más a fondo de las almas gemelas más adelante, pero debes saber que la muerte es una transición y cambia la forma en que las personas ven las cosas. A veces es importante mirar las cosas a través de los ojos de tu ser querido en el cielo. Has de saber que quieren lo mejor para ti y que ya no se dejan arrastrar por emociones terrenales como la ira y los celos.

## ¿LAS PAREJAS HOMOSEXUALES TERMINAN JUNTAS?

El Espíritu me ha enseñado que el amor es amor pase lo que pase. El amor no conoce género, raza ni religión. He hablado con muchas almas que eran homosexuales y si eran almas gemelas en la tierra, sabían que se reunirían en el cielo.

Sin embargo, la idea de que el amor no tiene límites sigue siendo una lección que debe adoptarse en este mundo. Así como los humanos abandonan los celos y la ira cuando hacen el tránsito, a veces sus otros puntos de vista cambian cuando llegan al otro lado.

### Un cambio celestial

Por ejemplo, recientemente tuve un cliente que tenía miedo de casarse con su pareja porque iba en contra del sistema de creencias de su madre. Su madre estaba tan en contra del matrimonio entre personas del mismo sexo que nunca le confesó que era gay, y definitivamente nunca mencionó que estaba comprometido con otro hombre. Ambos tuvieron muchas conversaciones en las que él trató de abrir su mente, pero ella se negó a cambiar. Así pues, y a regañadientes, continuó manteniendo en secreto su vida personal.

Cuando falleció su madre, la pareja de mi cliente pensó que finalmente podrían casarse. Pero por mucho que quisiera, aún no podía hacerlo. A pesar de que su madre ya no estaba viva, él creía que sabía cómo se sentiría ella al respecto.

Cuando acudió a mí, me planteó otra preocupación. La muerte de su madre lo había hecho pensar en el amor, el cielo y el más allá. Quería estar seguro de que él y su novio estarían juntos en el cielo.

Cuando su madre se manifestó durante la lectura, él se sorprendió por lo que ella tenía que decir. Había logrado una perspectiva completamente nueva en el otro lado. Mirando hacia atrás, podía ver cómo él había ocultado su orientación sexual por culpa de ella. Se dio cuenta de cuánto daño le había hecho su juicio y lamentó que sus opiniones le hubieran impedido ser fiel a sí mismo. Ahora que estaba en el cielo, podía ver cómo lo había empujado egoístamente a vivir la vida que ella quería, no la vida que lo haría feliz.

Entonces su madre compartió su más profundo remordimiento: no había conocido a su pareja. Ella no quería que él perdiera su oportunidad de experimentar el amor.

Durante la lectura, bendijo la pareja y los animó a que se casaran.

Esta lectura demostró que nunca es demasiado tarde para cambiar de opinión o solucionar un malentendido. Le dio la claridad que él necesitaba para seguir adelante. Me dijo que la quería más y que podía honrar plenamente su memoria, sabiendo que ella finalmente lo había aceptado.

La moraleja de la historia: no asumas que tus seres queridos tienen los mismos prejuicios y creencias después de su muerte que cuando estaban vivos. El cielo les enseña la importancia del amor por encima de todo. ¡Así que sigue adelante y sigue tu corazón, y ten por seguro que tu ser querido en el cielo te está animando!

## ¿TODAS LAS PAREJAS TERMINAN JUNTAS EN EL CIELO?

Te lo diré si prometes no perder los papeles. ¡La respuesta es no! Cada vez que digo esto, la gente comienza a sentir pánico. La mayoría de las veces, las parejas casadas que estaban enamoradas en la tierra, terminan juntas en el cielo. Pero es importante recordar que lo que cuenta es la conexión del alma, no la licencia matrimonial.

Como todos sabemos, no todo el mundo se casa por amor.

He hecho muchas lecturas en las que las parejas eran muy infelices antes de que uno de los miembros falleciera, pero permanecían juntos por los niños. Algunos matrimonios son concertados por las familias según sus creencias culturales, y algunas personas se casan por otros motivos, como dinero o seguridad. Pueden encontrar consuelo en la relación, pero no son almas gemelas.

## *A veces la familia no sabe lo que conviene*

Una mujer cuyo esposo había fallecido acudió a mí. Tuvieron un matrimonio concertado, pero a diferencia de muchos de esos matrimonios en los que la pareja llega a quererse, estas dos personas nunca encontraron la felicidad juntas. Vivieron la vida esforzándose por complacer a sus familias, pero cuanto más tiempo pasaban juntos, más se daban cuenta de que sencillamente no había química entre ellos.

En lugar de decepcionar a sus familias, vivían vidas separadas en la misma casa. Dormían en cuartos diferentes, no tenían relaciones íntimas y sus trabajos tenían horarios distintos. Básicamente, apenas se veían, pero estaban casados, al menos por escrito.

Pero eso no era todo. A medida que aguantaba el matrimonio, crecía la presión de sus familias. Fueron presionados para que tuvieran hijos, pero traer niños a este hogar sin amor no les parecía lo correcto a ninguno de los dos. Cada vez que alguien sacaba el tema de los niños, lo único que sentían ambos era ansiedad.

Mientras tanto, él comenzó a tener problemas en el trabajo y las cargas financieras resultantes aumentaban la presión sobre la pareja.

Recibían presión por todos lados. Por culpa del estrés al que estaba sometido, el esposo desarrolló un trastorno de pánico. Mi clienta no sabía cómo ayudarlo, porque no tenían una conexión emocional. Nunca habían aprendido a apoyarse el uno al otro en este mundo.

Finalmente, el hombre acabó suicidándose. Tras su muerte, mi clienta quedó con cargas muy pesadas. Repasó su vida y se lo cuestionó todo. Consideraba que podría haberlo salvado y por esa sensación de culpa, se comprometió a una vida sola hasta que pudiera compensarlo en el cielo.

Él se manifestó y dijo que nunca fueron almas gemelas. Deseaba haber tenido el coraje suficiente cuando estaba vivo para seguir a su corazón y hacer lo correcto para ambos.

La liberó de la culpa con la que estaba cargando y de la relación misma, y la animó a salir y encontrar a su verdadera alma gemela.

Hasta que él hizo el tránsito y se manifestó durante la lectura, no tuvieron una conversación honesta y se admitieron el uno al otro que sus almas no eran compatibles.

Se sintió muy aliviada. Se había sentido mal toda su vida, pero en realidad no pudo validar sus sentimientos hasta esa lectura. A partir de ese momento, fue libre para encontrar a su alma gemela y experimentar lo que realmente era el amor.

Éste es un ejemplo de una pareja que no estaba destinada a estar junta en el cielo, y no debería haberlo estado.

## SI HE TENIDO VARIAS PAREJAS, ¿CON CUAL TERMINARÉ?

¿Quién te crees que soy? ¿Jerry Springer?[1] Cada vez que alguien me plantea esta pregunta, el asunto se embarulla tanto para mí como para la persona a la que le estoy haciendo la lectura. He aquí un histriónico ejemplo.

Hace poco una mujer de noventa años asistió a un evento acompañada de su familia. Su trasfondo era bastante inusual. Debido a su longevidad, había sobrevivido a dos esposos y un novio. Los había querido a todos y había disfrutado de una relación especial y única con cada uno de ellos.

Ellos sentían lo mismo por ella. Se manifestaron todos ellos y compartieron diferentes historias y experiencias, y me dijeron cuánto la querían.

---

1. Gerald Norman «Jerry» Springer es un presentador estadounidense nacido en el Reino Unido, famoso por el programa *The Jerry Springer Show*, emitido entre 1991 y 2018, en el que se mostraban historias de personas reales, con infidelidades y engaños. *(N. del T.)*

Muy al final de la lectura, la mujer me preguntó con cuál de ellos estaría en el cielo. Su primer esposo se manifestó y dijo que le daría la bienvenida cuando llegara su hora. Él la llevaría hasta cielo y allí estarían juntos. Ella estaba junto a su familia, y yo esperaba que todos estuvieran igualmente complacidos de oírlo. Pero no fue exactamente así. En el momento en que le dije que estaría con el esposo número uno, sus hijas se mostraron muy felices. ¡Pero cuando la miré, no estaba sonriendo! «Oh no, no lo amaba. No me malinterpretéis, se preocupaba por mí y teníamos una familia maravillosa y una gran vida juntos. Pero nadie ha sido como mi último novio. Él era realmente lo más, y es con él con quien esperaba estar en el cielo».

Su comentario nos cogió a todos por sorpresa, y me sabía muy mal decepcionarla, pero tenía que ser sincero con ella. Le expliqué que su novio había tenido anteriormente una esposa y que esa mujer era su verdadera alma gemela.

Le aseguré que todo se resolvería cuando falleciera, y que disfrutara el resto de su vida y no pensara en lo que le esperaba en el cielo. Afirmó estar agradecida por la conexión de amor que todos habían compartido y dejaría que las cosas siguieran su curso.

Esa lectura me hizo sentir un poco incómodo, porque siempre prefiero decirle a la gente lo que quiere oír. Pero por mucho que odie decepcionar a alguien, siempre digo la verdad y he aprendido a confiar en lo que me dice el Espíritu.

Y ahora, el apunte final: al año siguiente, esa mujer estaba nuevamente entre mi audiencia, esta vez en primera fila. Me acerqué a ella pensando que quería volver a saber de su esposo. Resulta que el año pasado conoció a un nuevo hombre que le gustaba incluso más que los tres anteriores. ¡Tenía más de noventa años y todavía seguía teniendo éxito!

Así como he aprendido a confiar en lo que me dice el Espíritu, las personas deben confiar en que su experiencia en el cielo será exactamente como debe ser. Cuando vayas al cielo, tu alma gemela estará allí y sentirás esa hermosa conexión para la eternidad.

# ¿CÓMO PUEDO CRIAR A MIS HIJOS SIN MI PAREJA?

Ésta es una pregunta difícil que tiene una respuesta muy simple. El Espíritu siempre me dice que le recuerde a la gente el amor que su pareja tenía por sus hijos antes de que dejara este mundo. Muchas veces, cuando fallece un ser querido, el progenitor que se ha quedado criando a los niños se pregunta cómo habría reaccionado su cónyuge ante diversas situaciones. Trata de tener en cuenta al progenitor fallecido mientras guía y educa a los niños. No hay nada de malo en eso, siempre y cuando no suponga que el progenitor que ha quedado en la tierra tenga dudas de sí mismo, pero en realidad no es necesario.

## *Los seres queridos están para siempre en nuestros corazones*

Lo que el Espíritu en realidad quiere es que simplemente mantengas viva la memoria del progenitor desaparecido. Si los niños eran demasiado pequeños para tener recuerdos potentes del padre que perdieron, es importante encontrar formas de dárselo a conocer.

El Espíritu me ha enseñado que cuando un miembro de la familia fallece cuando los niños son pequeños, es importante instruirles sobre su relación con las almas en el más allá y cómo sus seres queridos siempre están con ellos. Crear tradiciones especiales puede ayudar a los niños a sentir una conexión con un padre o un abuelo fallecido.

## *El poder de la «bolsa de la abuela»*

Mi primera cita con mi esposa, Alexa, fue en una pequeña cafetería en Rhode Island. En ese momento, su abuela era la única persona de su vida que había perdido. Mientras estaba sentado con ella, apareció su abuela y me dijo que Alexa llevaba una bolsita que había pertenecido a su amada abuela.

¡Cuando se lo dije a Alexa, parecía sorprendida! Metió la mano en su cartera y sacó una bolsita. «Es la bolsa de la abuela que mi familia reunió cuando ella murió». Dentro de la bolsita había una fotografía, las medallas de oración de su abuela y algunas piezas de joyería. La familia se iba pasando la bolsita entre todos aquellos que necesitaban un poco de apoyo adicional. Pasó por las manos de un nieto que iba a opositar para abogado y de una nieta que se iba a graduar en el instituto de secundaria. Lo realmente sorprendente era que la tenía ella cuando Alexa me conoció. Sentí que no sólo estaba conociendo a Alexa, sino que al mismo tiempo también estaba conociendo a su abuela.

El Espíritu me dice que, si mantenemos viva la memoria de nuestro ser querido entre nuestros hijos y las generaciones futuras, en realidad nunca lo perderemos.

En pocas palabras, la respuesta a la pregunta es ésta: no tienes que criar a los hijos sin tu cónyuge, tus abuelos o cualquier otro miembro de su familia. Si mantienes viva su memoria, siempre estará contigo y con tus hijos.

## SI ME MUDO DE CASA, ¿ME SEGUIRÁ EL ESPÍRITU DE MI ESPOSO O DE MI ESPOSA?

¡No puedes separarte de él tan fácilmente! Recuerda que tu ser querido está conectado contigo, no con el lugar donde vives. Dondequiera que estés ahora, allí estará él.

No me malinterpretes. Hay momentos en los que el Espíritu visitará lugares que guardan recuerdos especiales, como un destino de vacaciones o el lugar donde os conocisteis. ¡Pero por lo general, lo que importa es que se mantenga cerca de ti, aunque te encuentres en otro estado, en otro país o incluso en el espacio exterior!

### «¡Me encanta lo que has hecho con el lugar!»

Una vez tuve unos vecinos que eran dos almas gemelas en este mundo. Se conocieron cuando eran jóvenes y fueron inseparables desde entonces. Creían en el cielo y en el más allá, y estaban muy en sintonía con el mundo espiritual. Después de llevar casados muchos años, la esposa enfermó gravemente. Sabedora de que pronto moriría, le dijo a su esposo que cuando hiciera el tránsito al mundo de los espíritus, no quería que él se quedara en el mismo piso en el que estaban viviendo. Le preocupaba que, si se quedaba allí, se deprimiera y sintiera que la casa estaba vacía sin ella. Le aseguró que cuando ella falleciera, ella lo encontraría dondequiera que él decidiera ir.

Después de fallecer, y a pesar de lo difícil que le resultó, él empaquetó sus cosas y se mudó a otro estado para estar más cerca de sus amigos. Pensaba en ella constantemente y hablaba con ella todos los días. Cuando decoraba la casa, se encontró eligiendo colores y muebles similares. Terminó pareciéndose mucho al piso en el que habían vivido los dos. Una noche la echaba mucho en falta y cuando finalmente se durmió, soñó con ella. Estaba sentada en la sala de estar de su nuevo hogar. Podía sentir que ella aprobaba el lugar donde vivía ahora, y desde ese sueño, pudo sentirla y notarla en el nuevo lugar.

Estaba contento de haberse mudado y se sentía bien de estar en un nuevo viaje con ella y no atrapado en recuerdos del pasado.

Todo esto nos devuelve al mensaje básico que oigo una y otra vez de las almas en el cielo. No esperan que llores todo el santo día y actúes como si la vida hubiera terminado porque ya no están vivos. Su más sincero deseo es que vivas tu mejor vida, vuelvas a amar y seas feliz. Y aunque te reunirás con tu alma gemela en el cielo, no quieren que pases tu precioso tiempo en la tierra esperándola. Sólo quédate tranquilo sabiendo que lo que esté destinado a ser será, y cuando llegue el momento adecuado, volveréis a estar juntos.

## ¿QUÉ ES UN ALMA GEMELA?

Un alma gemela es tu llama gemela, alguien con quien tu corazón está conectado en el nivel más profundo. Algunas personas creen que las almas gemelas han compartido vidas pasadas. No lo sé, pero sé que llevarás esa conexión contigo para siempre, sea cual sea la forma que adquiera tu alma.

## No pierdas el tiempo preocupándote por conocer a tu alma gemela

Conocer a tu alma gemela no es algo en lo que debas «trabajar», sino que es totalmente posible y normal disfrutar de una relación larga, feliz y productiva con alguien que no es tu alma gemela. Podéis estar casados y tener hijos juntos y amaros. Pero este tipo de relación termina cuando mueres y en el cielo permanecerás con tu verdadera alma gemela.

No pases demasiado tiempo estresado por perder a tu gran amor. Es una de esas cosas que pueden volverte loco si tratas de controlarla. Tienes que confiar en el universo. Puede pasar que no vuelvas a conectar con tu esposo o tu esposa en el cielo, pero seguramente conectarás con tu alma gemela.

La historia de mi abuelo lo ilustra perfectamente. Estaba enamorado de una chica que conoció cuando tenía dieciséis años. Sentía en su corazón que era su alma gemela, pero ella era joven y terminó eligiendo a otro hombre que creía que podía darle lo que estaba buscando. El abuelo estaba desconsolado, pero finalmente conoció a mi abuela y se casó con ella.

El abuelo y su antiguo amor siguieron por caminos separados y ambos tuvieron una hermosa familia e hijos con sus respectivas parejas. No volvieron a tener contacto hasta casi cincuenta años después de la última vez que estuvieron juntos. Ambos eran viudos y se encontraban solos. Por caprichos del destino, se encontraron y continuaron donde lo habían dejado cuando eran adolescentes.

Nunca se arrepintieron de sus matrimonios, pero estaban agradecidos de poder conectar décadas después. En su caso, no tuvieron que esperar hasta fallecer para estar juntos, y estoy bastante seguro de que sus almas estarán conectadas por toda la eternidad.

## SI FALLECES SOLTERO, ¿ENCONTRARÁS A TU ALMA GEMELA EN EL CIELO?

No todas las almas gemelas se encuentran en este mundo. Puede que tu destino sea estar con alguien, pero también tienes libre albedrío, y las decisiones que tomes pueden impedir que tú y tu alma gemela os reunáis. Tu alma gemela puede fallecer antes de tiempo o puedes tener hijos con otra persona y no volver a estar juntos nunca más.

A veces tienes un encuentro casual y conoces a tu alma gemela, pero por una razón u otra no os reconocéis. Mucha gente está preocupada por esto, ¡pero os aseguro que éste es un campo en el que tienes que confiar en el universo!

## ¡Amor por fin!

Una vez hice una lectura para la hija de una mujer que se había quedado embarazada cuando era adolescente. Como tanto la mujer como su novio eran muy jóvenes cuando fueron padres, él terminó yéndose y ella se quedó sola para criar a su hija. La mujer se centró en sus responsabilidades como madre y nunca se casó. Pero a medida que su vida avanzaba y su hija crecía, la mujer anhelaba el amor. Todo lo que quería en la vida era establecer una relación y tener una pareja que realmente se preocupara por ella. No importaba cuánto lo intentara, su alma gemela la eludía. Terminó muchas relaciones que no eran adecuadas para ella. Algunas implicaron maltrato emocional y otras simplemente terminaron rápidamente sin ir a ninguna parte.

Su hija había visto sufrir a su madre durante años buscando el amor. La hija encontró un esposo maravilloso, pero se sentía culpable porque su madre nunca había experimentado ese mismo tipo de amor. Cuando su madre falleció, el pensamiento de los sacrificios que había hecho durante su vida le provocaba un gran dolor a la hija. Estaba desconsolada cuando pensaba que su madre nunca tendría el tipo de relación romántica que había anhelado.

Su madre se manifestó en la lectura y, para sorpresa de su hija, ¡había encontrado a su alma gemela en el cielo! Era alguien a quien había conocido en el instituto, pero primero su embarazo los mantuvo separados y luego él falleció inesperadamente unos años después. Todo eso quedó atrás, y cuando se encontraron en el cielo décadas después, pudieron experimentar la hermosa conexión del alma que les había faltado cuando estaban vivos.

No me canso de repetir que conocer (o no conocer) a tu alma gemela mientras estás vivo no es algo que siempre puedas controlar. Piensa
en esto de la siguiente manera. Tú y tu alma gemela os dirigís por un
camino el uno hacia el otro y el destino dice que deberíais encontraros.
Sin embargo, el libre albedrío y otros factores pueden desviar a uno o a
ambos del camino y evitar que os encontréis. ¡Si estáis destinados a estar juntos, vuestros caminos se cruzarán en el cielo y os reuniréis en el
amor por la eternidad!

## ¿MI ESPOSA SERÁ MAYOR QUE YO EN EL CIELO?

Ésta es una de esas cosas que tiene mucho sentido cuando lo piensas un
minuto. Imagínate que tu alma gemela fallece a los veinte años, pero tú
no haces el tránsito hasta los noventa y cinco años. Podría ser muy
embarazoso cuando finalmente os reunáis en el cielo. Pero, afortunadamente, como ya he comentado en el capítulo 5, no tienes que preocuparte por esto porque la edad es una medida terrenal y ninguna alma
tiene edad.

Nuestros cuerpos son los que envejecen, no nuestras almas. El alma
es infinita, y eso es lo que te espera en el cielo.

He dicho antes que no hay cumpleaños en el cielo. Los años son
algo de lo que llevas un control en la tierra. Como ser humano, siempre
estás mirando el próximo hito. Tal vez te sientas entusiasmado por
cumplir veintiún años o temes cumplir los cincuenta. De cualquier
manera, estás controlando el tiempo. Cuando falleces, eso se termina
porque has llegado a tu destino, y eso es todo.

No te preocupes. ¡No hay ninguna necesidad de inyectarte bótox
antes de hacer el tránsito! No habrá diferencia de edad y la edad no su-
pondrá un problema cuando te reúnas con tu alma gemela en el cielo.

# MÁS A FONDO

## *Crea y encuentra amor*

Probablemente me hayas escuchado a mí y a muchas otras personas hablar sobre el poder del pensamiento positivo y el establecimiento de intenciones. Una forma de hacer que ese poder trabaje para ti es crear un tablero de visión de lo que quieres. Cuando se trata de encontrar un alma gemela, soy un GRAN creyente, porque le doy crédito a mi tablero de visión para mi propia relación con Alexa.

Cuando se trata de amor, crear un tablero de visión sirve para un par de propósitos. En primer lugar, te ayuda a centrarte en lo que realmente quieres en una relación, para dejar de perder el tiempo persiguiendo a las personas equivocadas. Además, envía una señal muy fuerte al universo. Entonces, mientras te ocupas de tus cosas, tus guías y tus ángeles hacen un trabajo de hormiguita entre bastidores, haciendo que las cosas pasen.

¡Cuando hagas tu tablero, asegúrate de encontrarte en un buen lugar! Mantén la calma y evita las distracciones. Yo apagaría el teléfono y el ordenador para que no te interrumpan. Se trata de escuchar a tu corazón y a tu intuición cuando crees el tablero. Ah, y esto no es un esfuerzo en equipo, así que no dejes que nadie te ayude; es algo personal.

Si nunca has hecho un tablero de visión, es fácil. Puede hacerlo en tu ordenador, pero personalmente me gusta ser de la «vieja escuela» con mis tableros de visión y utilizar cartulina, tijeras y pegamento. Reúne fotografías, imágenes de revistas y palabras que te atraigan. No lo pienses demasiado, pero no pegues nada hasta que hayas recopilado más imágenes de las que necesitas para llenar tu tablero. Una vez que tengas tus imágenes, piensa en tu alma gemela, tu persona ideal. Ahora comienza a organizar tu material en el tablero. Mira qué imágenes quedan bien y descarta las que no encajan o no te calan. Por ejemplo, cuando creé mi propio «tablero de almas gemelas», tenía fotos de chicas espectaculares y mujeres con el pelo y los ojos oscuros. Tenía animales y fotos de viajes, porque sabía que quería una mujer cariñosa que amara a los animales y tuviera sentido de la aventura. Cuando terminé el tablero, me encontré tan seguro de lo que estaba buscando que cuando apareció Alexa, no hubo ninguna duda de que ella era la indicada.

Un último consejo: ¡ten a mano la barra de pegamento! Ten presente que estarás cambiando constantemente. Tus objetivos cambian, tus intereses y tus *hobbies* cambian, y tu tablero también cambiará. Ve actualizando tu tablero, pero a menos que pase algo drástico, no lo reemplaces. ¡Tus viejos sueños seguirán ahí en el fondo, mezclándose con los nuevos!

Cuelga tu tablero en un lugar donde puedas verlo, como recordatorio para establecer una intención diaria para encontrar el amor y la felicidad. ¡Cuando sabes lo que quieres y envías esa energía de amor al universo, el siguiente paso es esperar y dejar que comience a manifestarse!

# CAPÍTULO 8

# No tengo miedo a los fantasmas, las apariciones, las malas acciones ni a las almas negativas

*«La luz siempre vencerá a la oscuridad».*

## ¿DEBO PREOCUPARME POR LOS ESPÍRITUS MALIGNOS?

Desafortunadamente, así como hay personas negativas aquí en la tierra, hay espíritus malignos en el otro lado. Pero la buena noticia es que, si estás leyendo esto, es poco probable que alguna vez entres en contacto con uno. El verdadero mal se alimenta de la oscuridad y el aislamiento, ¡así que permanece en la luz! Si no vas a buscar el mal, es muy raro que él venga a buscarte.

No hay un espíritu maligno por cada persona que ha hecho malas acciones en la tierra. ¡Afortunadamente, hay muchos menos! Incluso aunque tengan cosas que expiar (¿y quién no?), casi todas las almas pueden hacer el tránsito con éxito. Antes de entrar en el cielo, tienen la oportunidad de hacer las cosas bien. Sin embargo, si sus actos son realmente malos y no tienen el deseo de reparar el daño, pueden «quedar atascadas» y no seguir adelante. Quizás te preguntes, cuando un alma se queda atascada, ¿dónde está?

## El mal se esconde en la oscuridad

¿Te has dado cuenta de que los lugares antiguos y abandonados suelen ser los que aparecen embrujados en las películas de terror? No es así sólo en el cine. En realidad, ése es el entorno que atrae a estos espíritus. El último lugar en el que quieren estar es al sol entre familias felices. Prefieren esconderse entre las sombras.

Personalmente, nunca busco casas embrujadas ni espíritus malignos. Las únicas personas que conozco que tienen encuentros con espíritus negativos son cazadores de fantasmas y exploradores paranormales. Una persona de la calle no se topará con uno en el supermercado o de camino al trabajo.

¡Dicho esto, no sería un médium psíquico si no tuviera una buena historia de fantasmas!

## La habitación embrujada

Tuve una experiencia bastante espeluznante con un espíritu maligno. Un espíritu no rondará los lugares donde la gente se divierte, como el vestíbulo de un casino repleto de gente, pero eso no los mantiene alejados de otras zonas de un casino.

Hago muchos eventos en casinos y he llegado a conocer a muchas de las personas que trabajan allí. Un día, el gerente de un casino me llamó aterrorizado. Habían estado pasando cosas extrañas en una de las habitaciones del hotel que rara vez se ocupaba. Esta habitación se mantenía vacía porque estaba en un lugar ruidoso al lado de la lavandería y daba al aparcamiento. Como era tan impopular entre los clientes, la habitación se utilizaba como almacén y no se había ocupado en años.

Ahora piensa en un casino. Algunos de los más grandes, como éste del que te estoy hablando, atienden a miles de huéspedes al día. Sería lógico, pues, que unas pocas personas tuvieran que pasar la noche allí.

Un día, el casino no tenía habitaciones disponibles y una clienta estaba desesperada por una habitación. La gerencia decidió limpiar y utilizar la habitación ruidosa.

Cuando enviaron a una camarera de hotel, llamó de inmediato a mantenimiento. No podía caldear la habitación. Había subido la calefacción y el termostato marcaba veintiún grados, pero aun así la habitación estaba helada. Mantenimiento envió a alguien, pero antes de que llegara, la habitación se calentó de repente.

Solucionado el problema con la temperatura, enviaron a la clienta a la habitación. Unos minutos más tarde, llamó a recepción: «¡Mi habitación está helada y huele a huevos podridos!».

Mantenimiento volvió a subir. Cuando llegaron allí, la temperatura era normal y el olor había desaparecido.

Desconcertada, la clienta se encogió de hombros y se fue a cenar, pero cuando volvió para deshacer la maleta, vio una nube de humo que se materializó como una figura oscura que se movía por la habitación. ¡Esta vez no iba a correr ningún riesgo! Exigió cambiar de habitación porque dijo que su habitación estaba embrujada.

Aún con problemas el espacio, registraron a otro cliente en la habitación. Era un tipo grande y fornido, y no parecía que se molestara por nada. ¡Error! Desde recepción llamaron muy asustados al gerente cuando el segundo cliente bajó corriendo en ropa interior, jurando que algo le había arrancado las sábanas.

El gerente no podía entender qué demonios estaba pasando, así que envió al servicio de limpieza a limpiar la habitación y recoger las cosas de los clientes, porque el hombre estaba demasiado asustado para volver a entrar en la habitación.

Esta vez, el personal de limpieza no sólo olió los huevos, sino que también vio un extraño humo negro que adquiría la forma de un hombre. Fue entonces cuando recibí la llamada. «¡Matt, *por favor*, ven a quitar este fantasma!».

De hecho, fue más fácil de lo que piensas poner a ese espíritu en su lugar. El gerente me acompañó hasta la habitación, junto con un par de guardias de seguridad. Una vez allí, encendimos las luces, abrimos puertas y ventanas, y exigí al espíritu que se fuera. También llevé salvia, una hierba que se puede quemar para ayudar a purificar un espacio y limpiar la energía.

Caminamos juntos por la habitación mientras yo quemaba la salvia y le hablaba al espíritu: «Éste no es tu lugar; es hora de que te vayas».

La energía tardó unos minutos en cambiar. Cuando llegamos, la habitación era sofocante y claustrofóbica, y luego, en un instante, luminosa y aireada.

Las instrucciones que di gerente para que mantuviera el lugar despejado no fueron las que pensarías. «¡Reserva esta habitación tanto como puedas! Ahora que el ocupante maligno se ha ido, mantén la habitación ocupada para evitar que regrese».

El gerente comenzó a reservar la habitación a un precio reducido. Ahora la habitación tiene una rotación regular y desde entonces no ha habido ningún incidente.

Una buena regla para tener presente es que la energía positiva expulsa la energía negativa. Por eso no verás espíritus malignos en Disneyland o en los centros comerciales. Allí hay demasiada gente contenta. ¡Mi consejo es escuchar tu instinto, mantenerte en la luz y evitar cualquier espacio que te dé escalofríos!

## ¿ALGUIEN PUEDE LANZARTE UN HECHIZO?

La respuesta es no, y para ser honestos, esta pregunta me molesta un poco. No creerías la frecuencia con la que la gente me llama diciendo que otro psíquico u otro médium le ha dicho que tiene que pagar cierta cantidad para eliminar un hechizo o una maldición. Si hay algo que el Espíritu me ha enseñado es que nadie, vivo o muerto, puede apoderarse de tu vida a menos que tú se lo permitas. Tienes libre albedrío y control total sobre tu destino. De todos modos, creo que el motivo por el cual algunas personas creen en los hechizos es porque pueden sentir energía negativa. Pero la energía negativa y los hechizos son dos cosas totalmente diferentes. Por ejemplo, ¿alguna vez has entrado en una habitación después de que la gente se estuviera peleando en ella y sentiste energía negativa flotando en el aire? O tal vez has discutido con alguien a través de mensajes de texto o de correos electrónicos y has podido sentir físicamente la emoción en las palabras escritas, aunque ambos estabais a kilómetros de distancia.

La energía negativa es realmente hostil porque se queda. Si alguien está enfadado o tiene malos pensamientos con respecto a ti, puede afectarte, independientemente de dónde te encuentres. Puede que ni siquiera conozcas a la persona. No importa, el simple hecho de que alguien piense en ti puede tener un impacto. Esto se debe al hecho de que somos seres espirituales y energéticos, y podemos sentir y percibir de cualquier manera la energía que está conectada con nosotros.

En estos instantes es probable que te estés preguntando por qué digo esto después de que acabo de decir que nadie puede lanzarte un hechizo o controlarte. No me malinterpretes, algunas personas practican hechizos, pero ¿qué es un hechizo? Literalmente, es alguien enviando energía. Y aquí está la cuestión: aunque puedas sentir energía negativa, no tienes que dejarla entrar. No puede hacerte daño ni afectarte a menos que tú se lo permitas, y el mejor escudo contra la negatividad es la positividad. Es como tratar con un abusón en el patio de la escuela que se aparta cuando le plantas cara. ¡Cuando decides que la energía y los pensamientos negativos no tienen control ningún sobre ti, les quitas el poder!

## *El hechizo proviene del interior de tu mente*

Tuve una clienta que estaba convencida de que una vieja amiga le estaba echando un hechizo. Estaba aterrada porque sentía que había perdido el control de su vida. Su amiga era muy negativa y se burlaba de ella en las redes sociales e incluso le enviaba mensajes de texto y le decía que le estaba enviando energía negativa. Mi clienta estaba desesperada. Empezó a culpar a la mujer por todo lo malo que pasaba en su vida.

Acudió a mí para hacer una lectura, y tan pronto como accedí a su energía, pude sentir la negatividad. Pero no era un hechizo. Era su propia creencia de que su amiga tenía el control sobre ella. Sentí el miedo y la paranoia inundando su cuerpo, y supe que este problema podría resolverse fácilmente si ella cambiaba su propia forma de pensar.

Hablé con los espíritus y me aconsejaron que la mejor forma de combatir la energía era bloquearla y devolverla.

«Bloquéala en las redes sociales y en tu teléfono móvil. Deshazte de las cosas que te recuerdan a esa persona. Concéntrate únicamente en tu

147

propia energía. Y toma toda esa energía negativa que viene hacia ti e imagina que la arrojas de vuelta».

Esto demuestra mi objetivo, que tienes que mantener tu propio juicio de quién eres y mantener tus propios límites energéticos. Si tienes límites fuertes, los «hechizos» o pensamientos negativos de otras personas te rebotan.

Es como con una relación. Tienes que proteger quién eres –conservar a tus amigos, tus creencias y las cosas con las que disfrutas–, no darle el control de tu identidad a tu pareja.

La energía es como una sencilla ecuación matemática. Cuando restas la negatividad de tu vida, creas espacio para poder añadir más positividad. Y esa positividad llena, energéticamente, el espacio y dificulta que regrese la negatividad.

## ¿ESTÁN PREDESTINADOS LOS ACONTECIMIENTOS?

La respuesta a esta pregunta es sí y no. El Espíritu me ha mostrado que estamos destinados a conocer a determinadas personas y crear determinadas oportunidades. Pero también tenemos libre albedrío y tomamos nuestras propias decisiones.

Tu vida está llena de dones y oportunidades. Tus dones son quién eres y en qué eres bueno. Las oportunidades están asociadas con las elecciones que tomas y las personas con las que te encuentras.

El universo nos ofrece a todos diferentes dones. Hay curanderos, maestros, artistas, psíquicos, etcétera, que son talentosos por naturaleza, y todos tienen ciertas cosas predestinadas para ellos. Es como la Navidad: habrá regalos que llevarán tu nombre. Ésas son las experiencias y las oportunidades que tendrás aquí en este mundo. A veces no es el momento de abrir esos regalos, pero, aunque te desvíes de tu camino, tu regalo siempre está ahí esperando que llegue el momento adecuado para que lo abras.

Soy un ejemplo perfecto de esto. Cuando estaba creciendo, rechacé mi mediumnidad, pero no importaba cuántas veces hiciera otra elección, mi don seguía estando allí, esperándome. Sólo tenía que encontrarme en el lugar adecuado para hacer un buen uso de él.

## ¡Tienes más de una oportunidad!

Otra cosa que me ha enseñado el Espíritu es que, si algo está destinado a ser, volverá. Si alguien me dice que «ha dejado pasar su gran oportunidad», siempre le aseguro que, si estaba en lo cierto, volverá a pasar.

Algunas cosas quedan excluidas: las enfermedades o las tragedias no están predestinadas, son sólo consecuencia de vivir una vida terrenal. Nuestro lado espiritual puede aprender de esos acontecimientos, pero no están «destinados a ser». Somos seres espirituales, y aunque estamos aquí para aprender y crecer, no se nos envía aquí para sufrir.

El Espíritu tiene una forma de enviarnos señales, o incluso de alejarnos de las decisiones que terminarán mal. Ahí es cuando es importante escuchar tu instinto.

## La elección equivocada, en el momento equivocado

Tuve la oportunidad de formar parte de un evento internacional. A pesar de que llevaba un tiempo persiguiendo esta oportunidad, cuando llegó el momento, no me atreví a aceptarla.

Para tratar de descubrir qué me frenaba, llamé por teléfono a un amigo para compartir con él mis recelos con respecto al evento. Entonces oí una voz que decía: «¡No vayas!». La voz estaba distorsionada y no estaba totalmente seguro de haberla oído bien.

Esa noche estaba decidido a llegar al fondo del asunto. Medité y pregunté a mis guías qué estaba pasando.

La respuesta llegó rápidamente. Me dijo que no era el momento. El Espíritu me dijo que tendría otra oportunidad y que estaba bien seguir mi intuición y decir que no. También me dijo que el cielo no nos da las cosas para luego quitárnoslas, así que no me preocupara por perder una oportunidad laboral.

Me di cuenta de qué me estaba frenando. En ese momento, este viaje no era adecuado para mí. Habría tenido que salir seis meses del país. Tan pronto como dije que no, surgieron otras oportunidades a nivel local, ¡y eran incluso mejores! Entonces supe que dejar el país me habría apartado de ellas.

## El lugar correcto, el momento equivocado

¡A veces simplemente sabes que algo está destinado a pasar, pero luego no pasa! Quería comprar una casa y estaba buscando en Internet listados de casas en venta cuando un lugar me llamó muchísimo la atención. Llamé a mi agente inmobiliaria y cuando entré, supe que ésa sería mi casa. Le dije a mi agente inmobiliaria: «¡La quiero!». Estaba seguro de que todo iba a salir bien, pero la agente inmobiliaria volvió y me dijo que había una oferta previa pendiente.

«No te preocupes, soy un médium psíquico. ¡La oferta quedará en nada!», le dije.

«De ninguna manera. Es una oferta en efectivo», me respondió.

«¡Ya lo veremos! Llámame cuando quede en nada».

Cuando la oferta se concretó, quedé sorprendido y algo deprimido, y no sólo porque no conseguí la casa. No podía creer que mi intuición estuviera equivocada.

¡Borré el asunto de mi mente y seguí viviendo mi vida hasta seis meses después, cuando la casa volvió a estar en venta!

¡No me lo podía creer! Volví a la casa y fue una locura. Los propietarios se mudaron a ella y comenzaron a renovar la casa, pero en seis meses, él y su esposa se separaron y ya no quería seguir viviendo allí.

Continué la remodelación donde la dejaron y me mudé a la casa. Aún sigo viviendo en ella.

Si bien la decepción inicial me hizo dudar de mi intuición, el nuevo giro que tomó el asunto me demostró que lo que debe ser, será. Es posible que tengas que ser paciente.

Son experiencias como ésta las que me hacen confiar en el universo. Si algo está destinado a que pase, pero no está pasando, dale tiempo. El cielo se asegurará de que todo se alinee cuando llegue el momento adecuado.

## ¿EXISTE ALGO COMO EL INFIERNO?

La buena noticia es que nunca he hecho una lectura en la que el alma estuviera en el infierno. Pero he hecho lecturas, y es raro, en las que la persona es ilocalizable. Eso me hace preguntarme si está en un lugar diferente. He hablado con el Espíritu sobre esto y me ha mostrado que no hay dos mundos reales como los que aparecen en las películas o en los libros.

Hay almas que han reparado el daño hecho y han seguido adelante, y otras que todavía están solucionando las cosas. Hasta que no hayan hecho la transición con éxito, no puedo conectar con ellas.

Tal vez otra razón por la que no consigo conectar con espíritus negativos es porque no los «invito a entrar». Antes de hacer una lectura, establezco una intención positiva y digo que sólo quiero hablar con almas que vienen de la luz y de un lugar de amor. Hay algo de verdad en el hecho de que, si buscas negatividad, puedes encontrarla. Pero hago lo contrario.

A veces, cuando me acerco a las almas, obtengo un «inténtalo de nuevo más tarde» como respuesta, pero a veces es como si me estampara contra una pared y nunca pudiera llegar a ellas. Entonces es cuando sé que pasa algo que va más allá de mi capacidad de gestionar.

Si me encuentro un alma que es pura maldad, no trato de conectar ni de averiguar dónde está. De eso se encarga Dios.

Me gusta pensar que las almas han quedado atrapadas aquí como si estuvieran en un «tiempo muerto» y que tendrán la oportunidad de redimirse cuando se den cuenta de lo equivocadas que estaban.

## ¿QUÉ ESTÁ MIRANDO EL PELUDO DE CASA?

¿Puede tu perro o tu gato sentir la presencia de espíritus? ¡Sin duda! Las mascotas tienen un sexto sentido que les permite ver y comunicarse con las almas que han fallecido.

Es muy frecuente que los perros ladren a la silla en la que se solía sentar su dueño, o que salgan corriendo hacia la puerta o la ventana moviendo la cola cuando no hay nadie. Puedes notar que miran fijamente un lugar o que siguen algo por la habitación cuando no hay nada allí.

Las mascotas son muy conscientes de los visitantes del más allá y no creen que haya nada extraño en ello. Es frecuente que sus dueños fallecidos vengan a verlos y comprueben cómo están. También podrían sentir las almas de otros animales que habían residido en el hogar, incluso aunque no se llegaran a conocer en vida.

Los animales se diferencian de la mayoría de las personas en que no temen a la muerte. Esa ausencia de miedo, combinada con un sexto sentido, les permite ver y oír espíritus fácilmente.

Una de las cosas que me encantan de ser médium es que cuanto más sabes sobre el más allá, menos temes a la muerte. Los animales están por delante de nosotros porque nacen con ese conocimiento. Los animales pueden hacer algo más que sentir cuando un fantasma está cerca. ¿Te has fijado en que las mascotas o los animales de granja saben cuándo se acerca una tormenta? La gente explica ese fenómeno diciendo que tiene que ver con olores o algún otro signo físico, pero creo que es su intuición. Es lo mismo que ayuda a los animales a saber cuándo su dueño está enfermo o corre peligro.

## Cruzando pacíficamente el puente del arcoíris

Hablando de un sexto sentido. No hace mucho tuve que sacrificar a nuestra gata. A Alexa y a mí nos encantan los gatos de Bengala porque son muy hermosos y cariñosos. Estábamos desconsolados cuando a uno de los nuestros le diagnosticaron cáncer. El veterinario hizo lo que pudo, pero el cáncer era demasiado agresivo. Pasamos tantas buenas semanas con ella como pudimos, pero llegó un punto en el que claramente estaba preparada para irse. No era feliz y podíamos decir que estaba incómoda.

Sé lo intuitivas que son las mascotas y pensé que tan pronto como entráramos en la consulta del veterinario, sabría lo que iba a pasar. No sabía cómo reaccionaría. Eso sí, era una gata que odiaba al veterinario y temía incluso las visitas rutinarias al veterinario.

Alexa y yo la envolvimos en una manta y el veterinario nos llevó a una sala especial donde practicaban la eutanasia a las mascotas. Tenía mucho miedo de cruzar la puerta con ella. Simplemente no quería que se asustara.

Sin embargo, me quedé completamente sorprendido por lo que pasó. Alexa y yo entramos y la pusimos sobre la mesa. Inmediatamente empezó a ronronear. ¡No había oído ese sonido en días! Nos lamía y se frotaba contra nosotros. Era como si nos estuviera asegurando que sabía lo que iba a ocurrir y que estaba preparada.

El cáncer había asomado en la familia gatuna. La habíamos traído a ella y a su hermano a casa cuando eran cachorros. Su hermano había fallecido del mismo cáncer un par de años antes y yo podía sentir su presencia y sabía que ella también la había notado. Sabíamos que él estaba allí para ayudarla en su transición.

Después de abrazarla y acariciarla unos minutos, entró el veterinario y nos despedimos, sabiendo que nos volveríamos a encontrar. Dejó este mundo en paz y ronroneando tan fuerte como siempre.

Por muy afectados que estuviéramos, nos consoló saber que no tenía miedo del viaje que tenía por delante.

## ¿HAY ALGUNA DIFERENCIA ENTRE FANTASMAS Y ESPÍRITUS?

Los fantasmas y los espíritus son lo mismo, pero los vivos tienen dos formas diferentes de describirlos, y he aquí el porqué: un espíritu es un alma con la que estás familiarizado (tu abuela, tu padre, tu mascota). Los fantasmas, en cambio, son sólo almas con las que no tienes ninguna conexión. Son lo mismo, es sólo tu propia percepción lo que los diferencia.

Si le digo a alguien: «Tu padre está contigo en tu casa», le gustará la idea. ¡En cambio, esa misma persona consideraría que su casa está embrujada si le digo que el dueño anterior todavía se encuentra en el edificio!

Lo que debes recordar es que, aunque los percibas de manera diferente, los fantasmas no son malvados. Puedes sentirlos de vez en cuando, pero eso no significa que tengan malas intenciones. Al igual que los miembros de tu familia te visitan en espíritu, los fantasmas visitan lugares que fueron importantes para ellos en este mundo. Y uno podría ser la casa en la que vivían antes que tú. Si sientes una presencia en tu hogar, es una buena idea pensar y determinar quién podría ser. Una vez que sabemos quién es el fantasma, deja de ser un fantasma. Es un espíritu.

Cuando era pequeño, veía espíritus extraños en mi casa. Un día se los describí a mi madre y reconoció a los miembros de la familia. Me mostró un álbum de fotos y los reconocí como los espíritus que me habían visitado: mi bisabuelo, mi tía y un primo por parte de mi madre. Ella me habló de cada uno de ellos y los hizo reales para mí.

Algunas eran personas que no reconocí, pero le expliqué cosas a mi madre sobre ellas y me aseguró que sólo eran vecinos que habían fallecido y que no tenían malas intenciones.

### ¡Mira la tienda!

Lo mismo le pasó a mi amiga cuando abrió una *boutique* de moda. Se trasladó a su nuevo espacio y notó que las luces parpadeaban y las puertas se abrían y cerraban sin motivo aparente. Cuando se lo explicó al propietario, le dijo: «No se preocupe, sólo es Tom, el peluquero. Estuvo en este local hasta que su barbería se incendió. Le gusta controlar el lugar de vez en cuando».

Después de conocer la historia, mi amiga estaba ansiosa por saber más. Investigó la propiedad y encontró una fotografía de Tom. Ella y su pareja enmarcaron la foto y la colgaron en la parte trasera de la tienda. Todas las noches, quien se encargaba de cerrar la tienda le pedía a Tom que vigilara el lugar. ¡Había pasado de ser un fantasma a ser un compañero espiritual!

Todo esto demuestra que los fantasmas y los espíritus están definidos por tu percepción.

## MI SUEGRA NO ME SOPORTABA CUANDO VIVÍA; ¿VOLVERÁ Y ME PERSEGUIRÁ AHORA QUE ESTÁ MUERTA?

¡Puedes tachar esta preocupación de tu lista! La respuesta es no, porque ella ya te persiguió lo suficiente en la vida. De hecho, es probable que mire atrás y sienta remordimientos por cómo te trató. Las almas adquieren una nueva perspectiva después de la revisión de su vida y, si pueden, intentan compensar a las personas a las que trataron mal.

Una vez tuve una clienta que pasó por esta misma situación. Nunca pudo hacer feliz a la madre de su esposo. Mi clienta intentaba todo lo que se le ocurría para encontrar puntos en común –aprendió sus recetas, le compraba regalos para el Día de la Madre y su aniversario y la visitaba con cierta regularidad–, pero nada de esto funcionó. ¡Su suegra era tan protectora con su hijo que ninguna mujer podría ser lo suficientemente buena para él!

Cuando a su suegra le diagnosticaron alzhéimer, mi clienta la cuidó. Le arregló una habitación en su casa, le cocinaba y la llevaba a las visitas con el médico y la peluquería para que le arreglaran el pelo. Pero cuanto más hacía por la anciana, más negativa y difícil se volvía. Después de tres años, cada día era una tortura. Mi clienta continuó por el bien de su esposo, pero nunca recibió a cambio una pizca de gratitud o de amabilidad.

Cuando finalmente la suegra falleció, la mujer acudió a mí para hacer una lectura. Esperaba tener noticias de su propia madre, pero ya lo puedes suponer: su suegra se puso la primera de la fila.

Hacía mucho tiempo que estaba desesperada por dar las gracias por todo el amor y el apoyo que su nuera le había brindado, y le pidió perdón por cómo se comportó durante su enfermedad e incluso antes.

Quería que le dijera a mi clienta que ahora que estaba en el cielo, consideraba a la mujer su hija. Estaba muy agradecida de que, a pesar de todo, mi clienta la cuidase como si fuera su propia madre. Se aseguró de que animara a mi clienta a que se pusiera las joyas que había dejado.

Esta lectura lo dice todo. Las personas que te trataron mal a lo largo de su vida están más interesadas en hacer las paces que en cualquier otra cosa. Consiguen claridad después de su muerte y ven lo mejor de las personas que dejaron atrás. También pueden mirar hacia atrás y ver su propio mal comportamiento sin poner excusas ni ponerse a la defensiva. Lo que me lleva a la siguiente pregunta…

¿Tienen que responder las personas por sus malas acciones cuando mueren?

Cuando un alma hace la transición, recuerda su estancia en la Tierra como si estuviera viendo una película. Solo que, desde su nueva perspectiva, pueden ver los eventos muy, muy claramente. Repasan toda su vida, lo bueno y lo malo. Algunas almas tardan más que otras en completar su revisión y pasar al siguiente nivel. Puede que incluso tengan que hacer algunas tareas para ayudarles a elevar su vibración.

En ese sentido, es como en Alcohólicos Anónimos: tienes que reconocer lo que has hecho y, a veces, reparar el daño causado antes de poder seguir adelante.

## *Repara el daño*

La revisión de la vida arroja luz sobre aquello que realmente importa en la vida. Cuando estás en el otro lado, ya no estás apegado a tu profesión, a tu cuenta corriente o a tu índice de grasa corporal. Eso está bien cuando estás vivo, pero dejas esas cosas a un lado cuando mueres. Lo que te queda es el amor y la compasión que compartiste, las personas a las que ayudaste y lo que cambiaste en el mundo.

También ves los asuntos pendientes y las personas a las que hiciste daño. Ves los resultados de las cosas que no hiciste, como el amor que bloqueaste y el tiempo que no dedicaste a las cosas que importaban. Tomas consciencia del efecto dominó que tu comportamiento tuvo sobre los demás. Por fortuna, nunca es demasiado tarde para reparar el daño.

Cuando un alma ha completado la revisión de su vida, el siguiente paso es conectar con los vivos y hacer las cosas bien. Puedo pensar en muchos ejemplos:

- Una mujer acudió a mi evento e inmediatamente se manifestó su madre y se disculpó por hacer que su hija se sintiera tan culpable por llevarla a una residencia geriátrica.
- Se manifestó un hombre y dijo que quería poder retirar la carta rabiosa que le había dejado a su esposa, culpándola de su muerte. Era bipolar y se suicidó. Mirando hacia atrás, se dio cuenta de que sus problemas no tenían nada que ver con ella.

- Una mujer anciana me rogó que le hiciera saber a su hijo que nunca debería haberlo presionado para que pasara tanto tiempo con ella y descuidara a sus propios hijos. En la revisión de su vida se dio cuenta de que había sido muy egoísta.

El proceso de hacer el tránsito, soltar las emociones negativas y mirar hacia atrás en tu vida es un regalo que permite que el alma evolucione. Tienen la oportunidad de dejar a un lado cualquier rencor o sentimiento negativo, revisar su vida y luego, cuando llegue el momento adecuado, ayudar a sus seres queridos en la tierra a aprender de su experiencia y sentir su amor.

### Perdón desde el cielo

Como médium, nunca sé quién se manifestará e intentará hablar conmigo. Diré que creo que las mejores lecturas se producen cuando aparece alguien de quien no esperas saber nada. Como consecuencia de la revisión de la vida, a veces saldrán almas que apenas conocías.

Por ejemplo, recientemente conecté a una mujer con su padre, a quien nunca llegó a conocer porque se fue de casa cuando ella era sólo una niña. Debido a su egoísmo, ella no supo que había muerto hasta años después.

Después de su fallecimiento, pudo ver el daño y el dolor que le causó a su hija al estar distanciado de su vida. Necesitaba enviarle un mensaje y explicarle sus acciones. Quería que ella supiera que asumía toda la responsabilidad de sus decisiones y que lo lamentaba mucho. Gracias a este mensaje, finalmente pudo pensar en su padre y sonreír. En un instante, desapareció el dolor de tantos años y pudo volver a respirar.

## SI ESTABAS ENFADADO EN VIDA, ¿SEGUIRÁS ENFADADO EN EL CIELO?

Puedes pasar toda tu vida siendo responsable, trabajando duro y siguiendo las normas, y aun así estar cargado de ira y negatividad. No has hecho nada malo, por lo que parece que no tendrás problemas para hacer la transición al cielo. ¡Por otro lado, es difícil imaginar que el cielo esté lleno de almas cascarrabias y resentidas!

Seguro que has oído la expresión el «¡No te lo puedes llevar a la tumba!». Eso se aplica al dinero, pero también a la ira, el resentimiento, los celos y todas las demás emociones fuertes que asfixian a las personas en la vida.

¡Pero no te preocupes! El universo lo tiene todo bajo control. ¿Cómo? Pues así: imagina que tus rasgos de personalidad y tus sentimientos son como granos de arena. Las emociones positivas como el amor, la compasión y la bondad son como la arena más fina y suave. En cambio, la ira, el resentimiento y los celos son como la arena áspera y gruesa, como piedrecitas. Cuando un alma pasa al otro lado, es como si pasara por un colador. Las emociones pesadas quedan retenidas y sólo pueden pasar las ligeras.

Así pues, si tu abuela de buen corazón, pero irritable, fallece, un médium aún podría detectar algunos de esos rasgos gracias a los recuerdos que revela, pero su alma real será luz pura.

## ¿EXISTE ALGO COMO LA PROTECCIÓN PSÍQUICA?

¡Mi madre siempre dice que no son los fantasmas y los espíritus de quienes tienes que preocuparte, sino de los vivos! Los narcisistas, las personas que descargan sus propias inseguridades y su ira en los demás, y las personas demasiado críticas, pueden agotar su preciada energía.

Llamamos a estos individuos «vampiros de energía».

### ¿Qué son los vampiros de energía?

¿Alguna vez has conocido a alguien que te chupaba la vida, dejándote exhausto y agotado?

Los vampiros de energía pueden tomar la forma de un familiar, un compañero de trabajo o un amigo. Cuando estás cerca de esa persona, cambia tu estado de ánimo.

Normalmente, los vampiros de energía ni siquiera saben lo que están haciendo. Son simplemente egoístas y están atrapados en el engranaje de la negatividad hasta tal punto que arrastran a otras personas.

Al igual que el ajo protege de los vampiros, existen técnicas secretas de protección que puedes utilizar para protegerte de los vampiros psíquicos.

Las principales personas a las que ayudo con protección psíquica son clientes famosos. Muchos personajes públicos se sienten agotados por las miradas escudriñadoras, los rumores y los celos que los señalan todos los días. Desde una perspectiva energética, es como una avalancha de negatividad proveniente de la prensa y de extraños. Y las redes sociales empeoran la situación.

Afortunadamente, existen sencillas técnicas que pueden desviar esas ondas de negatividad.


## Refleja la negatividad con un «círculo de espejos»

Negarte a dejar que la energía de los demás socave tu propia sensación de bienestar es bastante sencillo. A continuación, te enseño un ejercicio que comparto con mis clientes.

Imagina que te rodea un círculo de espejos que están mirando hacia afuera. Puedes hacerlo siempre que necesites hacer rebotar la energía tóxica lejos de ti. Los espejos sólo bloquean la energía negativa; toda la positiva se queda contigo en el otro lado del espejo.


## ¡Fuera lo malo, adentro lo bueno!

Una vez tuve una clienta que realmente tenía problemas en el trabajo. Había perdido su confianza, en parte por culpa de un compañero de trabajo que aprovechaba cualquier oportunidad para menospreciarla y reprenderla. Llegó un momento en que temía ir a trabajar. Acudió a mí para hacer una lectura porque quería cambiar de trabajo, pero quería estar segura de que estaba tomando la decisión correcta.

El espíritu le dijo que no alterara el curso de su vida y no cambiara de trabajo por culpa de esa persona. Todos los demás la querían y era un miembro valioso del equipo. Esa persona estaba celosa por la atención positiva que mi clienta recibía. Ni siquiera se había dado cuenta de que era tan valorada, porque estaba concentrada en la negatividad.

El consejo del espíritu fue no dejar que la negatividad se apoderara de ella y la superara. Gracias a la protección psíquica, pudo devolver la negatividad a la persona que se la envió y dejar entrar la positividad. En unas pocas semanas, se dio cuenta de que no le molestaban los comentarios sarcásticos y pasivo-agresivos. Pudo centrarse en su trabajo y en la contribución que estaba llevando a cabo.

Irónicamente, después de unos meses de utilizar la protección psíquica, esa energía negativa no tenía adónde ir, el compañero de trabajo destructivo terminó dejando el trabajo y mi clienta fue ascendida.

## ¿POR QUÉ SON MALAS LAS TABLAS DE LA OUIJA?

¿Recuerdas que te he dicho antes que los espíritus malignos no te molestarán si no vas a buscarlos? Bueno, las tablas de ouija son la definición de «buscarse problemas». ¡Mi madre y mi abuela siempre me han dicho que las evite a toda costa!

Como ya hemos comentado, hay espíritus buenos y malos. La gente va a las tablas de ouija para conectar con el Espíritu, pero utilizarlas abre un portal para invitar a cualquier espíritu, bueno o malo, a tu espacio. Es como proteger tu casa: de la misma manera que no te irías a dormir con la puerta abierta, no quieres dejar tu espacio abierto a cualquier espíritu. Quieres tener control total sobre con quién hablas.

Antes de practicar, una vez tuve una compañera de trabajo en Boston que estaba muy asustada porque su hija había estado jugando con una tabla de ouija con unos amigos. La chica no había tocado la tabla, pero se encontraba en la habitación cuando la estaban utilizando. Aunque trató de mantenerse alejada, había mensajes en la tabla que iban dirigidos a ella. Se lo explicó a su madre y estaba muy asustada. Había rogado a sus amigos que lo dejaran, pero no le hicieron caso. Le pidió a su madre que me lo preguntara a mí, porque tenía miedo de haber llevado algo a casa.

Resultó que estaba a salvo. Había habido un alma negativa que trataba de acercarse a ella. Dado que siguió rechazándola, pudo alejarse sin sufrir daños, pero fue un encuentro muy cercano. No se dio cuenta de la suerte que tuvo. Si hubiera interactuado con ella, podría haber dejado que ese espíritu entrara en su hogar.

Si utilizas una tabla de ouija, es difícil deshacer el daño. Aunque la guardes, o incluso te deshagas de ella, el daño ya está hecho. Utilizar la tabla invita a los espíritus a entrar, pero deshacerte de ella no te los quita de encima.

Si no quieres gestionar un *bed and breakfast* para espíritus, es mejor que dejes en paz las tablas de ouija. La razón por la que nunca ves a psíquicos y médiums utilizándolas es que no hay motivo para hacerlo y no quieren poner en riesgo su línea de comunicación dejando entrar almas negativas.

Ahora no me malinterpretes. Hay personas que conozco que han utilizado estas tablas y no ha pasado nada malo. Probablemente se deba a que no había un alma negativa cerca. Es como no ponerse el cinturón de seguridad; no pasa nada mientras no haya ningún problema, pero basta un accidente para que te asegures de que cada vez que te subes al automóvil, te pones el cinturón de seguridad.

Las cartas del tarot y las hojas de té son diferentes. Suponen una forma segura de que los psíquicos y los médiums gobiernen su don utilizando algo físico sin abandonar el control. No convocan espíritus, simplemente ayudan al psíquico o al médium a dar sentido a la visión que están teniendo. Las cartas del tarot y las hojas de té se utilizan junto con su don psíquico. Utilizan su propio canal psíquico para conectar con el más allá.

# MÁS A FONDO

## *Reemplaza los pensamientos negativos con energía positiva*

La gente siempre quiere saber cómo puede protegerse de la energía negativa. Mi consejo es que te asegures de prestar atención a la negatividad que tú mismo podrías estar enviando. Recuerda: atraes aquello en lo que te enfocas. Cuanto más positivos sean tus pensamientos, menos espacio abrirás a la negatividad.

Cuando te enfocas en la negatividad, le das vida y energía. Cuando en cambio la ignoras y te enfocas en cosas positivas, te quitas esa energía. Recuerda que puedes establecer límites: no tienes que dejar que la energía negativa se convierta en tu energía. Tienes el control sobre tu propia vida y tu felicidad. Todos nos sentimos mal alguna vez; y algunas situaciones, como la pérdida de un ser querido, son difíciles de superar. En lugar de centrarte en tus sentimientos de tristeza, acéptalos por lo que son, pero asegúrate de experimentar un poco de alegría todos los días.

## DESCUBRE CÓMO SENTIRTE MEJOR RÁPIDAMENTE Y HACER QUE DURE

En momentos difíciles y desafiantes, es importante recordar las cosas buenas de tu vida, para que no pierdas de vista lo que realmente importa.

NÚMERO UNO: Nunca dejes de creer en ti mismo. Recuerda que el cielo tiene un plan divino para ti. Puedes invocar a tus ángeles, tus guías y tus seres queridos en espíritu siempre que necesites asistencia divina.

NÚMERO DOS: Pide apoyo a tu familia y a tus amigos. Las personas que realmente se preocupan por nosotros están ahí cuando más las necesitamos. Hay algunas cosas en la vida por las que no estás destinado a pasar solo.

NÚMERO TRES: Vive el día a día, centrándote en el hoy en lugar de preocuparte por el ayer o el mañana. Al vivir sólo el presente, puedes evitar el estrés, la ansiedad y la depresión al centrarte en lo que está frente a ti en lugar de estresarte por lo desconocido. Un amigo mío me dijo una vez que el 90 % de las cosas por las que nos estresamos nunca terminan pasando. Entonces, ¿por qué estresarnos?

NÚMERO CUATRO: Haz ejercicio y estira. Cuando me siento estresado o ansioso, una de las mejores maneras de enfrentarme a ello es hacer ejercicio al menos quince minutos al día. Para mí, caminar es mi medicina. El ejercicio no sólo libera endorfinas en nuestro cuerpo, lo que nos hace sentir mejor, sino que, a menudo, cuando experimentamos estrés y ansiedad, sólo podemos pensar en lo que nos afecta. Cuando haces ejercicio, reseteas tu mente y te vuelves a conectar con tu alma.

NÚMERO CINCO: Da las gracias todos los días. Probablemente no hace falta decirlo, pero es muy importante ser positivo en momentos difíciles. Dar las gracias por lo que tienes, sin importar lo grande o pequeño que sea, le dará más sentido a tu vida y te hará sentir mejor contigo mismo. Puedes hacerlo terminando cada noche con una lista de gratitud.

## UTILIZA LA NATURALEZA COMO TU SEÑAL PARA LIBERAR LA TRISTEZA Y EL ESTRÉS

Una de las mejores formas de sanar los pensamientos ansiosos y la ansiedad es dedicando tiempo a apreciar la naturaleza. Cuando te alejas de tu entorno cotidiano, encuentras paz y tranquilidad. Gracias a su pureza, la naturaleza ayuda a despejar tu mente de sus preocupaciones.

Comienza por encontrar un lugar donde te sientas cómodo caminando. Recomiendo encontrar un espacio un poco alejado de casa, un espacio nuevo que pueda ser tu refugio seguro para liberar el estrés y la ansiedad, un lugar donde, cada vez que lo visites, puedas dejar atrás tus pensamientos, tus preocupaciones y tus ansiedades.

Cuando sientas la carga del estrés y la preocupación, visita este lugar en solitario.

Éste es un lugar seguro. Cuando estás allí, eres libre de madurar todos los pensamientos y preocupaciones que te están molestando.

Mientras estés allí, trata de que tus pensamientos no se mantengan en el interior, sino que salgan hacia el exterior para que ya no te sigan pesando. Imagina tus pensamientos negativos como globos y suéltalos hacia el cielo.

En la vida tendemos a enterrar nuestros pensamientos y dejar que se acumulen sin abordarlos. Hacerlo durante mucho el tiempo suele hacer que nos sintamos abrumados. Cuando te encuentras en tu lugar seguro y natural, puedes tomar la decisión de dejar atrás tu tristeza y tus preocupaciones, y permanecer en el presente. Tómate un descanso de los pensamientos ansiosos y céntrate en la naturaleza. Fíjate en los pájaros y otros animales, y respira los olores. Sólo date tiempo para relajarte.

## EJERCICIOS DE PROTECCIÓN

Aunque el 99% de la negatividad que encontramos no proviene de demonios o del mal, puede haber un momento en el que te encuentres con algo que no puedas explicar. Aunque los espíritus oscuros no pueden hacerte daño cuando tu propia energía es positiva, hay algunas cosas que puedes hacer para darte un poco de protección extra. Y como siempre dice mi madre, las únicas personas a las que debes temer son los vivos. Bueno, pues estas técnicas también ayudan con esos encuentros terrenales.

- Imagina una pared de espejos a tu alrededor, formando un muro y reflejando la energía negativa lejos de ti.
- Conoce a tus ángeles y guías, y llámalos para que te protejan.
- Limpia la energía estancada de cualquier espacio vital que te resulte incómodo quemando salvia. ¡Funciona de verdad!
- Toma algunas medidas para llenar aquellos espacios que son nuevos para ti con tu propia energía. Me gusta personalizar las habitaciones de los hoteles poniendo una fotografía de Alexa y de nuestros dos gatos en la mesita de noche, y poniendo algunas de mis canciones disco favoritas.
- Cuando todo lo demás falle, abre las ventanas y deja que entre la luz del Sol y el aire fresco.

# CAPÍTULO 9

## Sana, manifiesta y transforma tu vida

*«Nacemos con un propósito de vida,*
*y estamos destinados a cumplirlo».*

### ¿POR QUÉ ESTAMOS AQUÍ EN LA TIERRA?

Antes que nada, aunque siempre me han llamado alma vieja, sólo tengo treinta años y no tendría ni idea del significado de la vida si no fuera por la conexión que tengo con las almas del otro lado. Algunas de estas almas son muy antiguas y cada una de ellas tiene acceso a la sabiduría divina. Así pues, cualquier conocimiento sobre el significado de la vida procede de ellas, pero haré todo lo posible para explicarte lo que me han dicho.

Es posible que no estés de acuerdo con todo lo que vas a leer aquí, y no pasa nada. Sólo quédate con lo que llegue a tu corazón.

Así pues, empecemos...

Me gusta considerar que la tierra es un aula. Es aquí donde aprendemos nuestras lecciones de vida, conocemos a nuestra alma gemela, encontramos nuestros propósitos y adoptamos a nuestras mascotas. Además, establecemos conexiones que nos llevamos con nosotros al otro lado.

Piénsalo así. El mundo físico y el mundo espiritual no están separados. Si lo estuvieran, no podría conectar con el cielo estando vivo. Pero el cielo y la tierra, y todo ser vivo o muerto, están conectados. Y todos estamos aquí en la tierra para unirnos a estas conexiones como si estuviéramos ayudando a construir una red enorme. Todo lo que creas aquí se acumula.

Es fácil quedar atrapado en las cosas cotidianas, como cortar el césped y pagar impuestos, pero ésa no es la única razón por la que estás aquí. El amor, la bondad y la compasión que compartes con otras personas, con los animales e incluso con las plantas y la naturaleza tienen un profundo impacto tanto aquí como en el otro lado.

Cuando aparece algo en una lectura sobre una disputa o sobre miembros de una familia que no se hablan, el Espíritu siempre me dice lo mismo. Mientras estamos aquí en esta tierra, sólo nos tenemos los unos a los otros. Por eso es importante ser amables los unos con los otros.

Y en cuanto a la red o a la conexión, ten presente que una generación afecta a la siguiente. Nadie está en un vacío. Y si te preguntas acerca de si las diferentes religiones están conectadas con el cielo y entre sí, hay innumerables formas de conectarse. Nadie queda excluido. Ésta ya comienza a ser una pregunta realmente complicada, por lo que la he dividido en diferentes preguntas y respuestas, como verás a continuación.

## ¿POR QUÉ NOS ENFRENTAMOS A DESAFÍOS Y DISPUTAS A LO LARGO NUESTRA VIDA?

He aprendido personalmente, y del Espíritu, que cada problema está ahí para enseñarnos una lección.

Si estás pasando por un momento difícil, has de saber que no estás solo. Incluso aquellas personas que parecen tener la vida perfecta tienen que hacer frente a dificultades. Pueden tener problemas de salud, adicciones, enfermedades mentales, problemas de pareja, disputas profesionales… Si no fuera así, no experimentarían crecimiento en esta vida.

Así que no te sientas engañado si tienes obstáculos y problemas en tu vida. La satisfacción y el aprendizaje derivan de superarlos y de convertirte en tu propia historia de éxito. Nuestros desafíos y nuestras luchas dan forma a lo que somos y tienen un profundo impacto sobre las personas que oyen nuestras historias. Podemos crear un efecto dominó positivo simplemente contando nuestras historias y, en un nivel aún más básico, simplemente con la forma en la que tratamos a los demás.

## Cómo mis años de instituto modelaron a la persona que soy ahora

Te lo prometo, cualquiera que me conozca hoy no me habría reconocido en el instituto de secundaria. No hablaba mucho, comía solo y mi deseo más profundo era sencillamente pasar desapercibido. Me sentía como si nadie me comprendiera.

¡Ese adolescente inseguro no era un reflejo de quién era yo realmente! Pero tenía miedo de ser yo mismo… y miedo de ser visto. Tuve una reacción a los medicamentos que me provocó acné grave y además no tenía manera de conectar con los otros niños. Yo era de Rhode Island, iba a una escuela de Boston y no podía relacionarme con los niños de allí. No me gustaban los deportes y tenía un fuerte acento de Rhode Island. (No es que la gente no hable con acento en Boston, pero el mío destacaba por encima de los demás). La gente se burlaba y se reía de mí.

Les rogué a mis padres que me dejaran cambiar de escuela y finalmente accedieron. Las cosas mejoraron durante un tiempo. Pero luego comencé a compartir mi don. Ser el centro de atención supuso todo un reto, porque el *bullying* volvió de nuevo. Tenía unos diecinueve años y todavía mantenía contacto con mis viejos amigos del instituto de secundaria. Por desgracia, esos amigos no entendieron mi don y me incordiaban, e incluso recibía bromas telefónicas. Personas que apenas conocía se burlaban de mí.

Pero había crecido un poco y había tomado la decisión de dejar de ocultar quién era, de desconectar del ruido y trabajar mi mediumnidad. Fui ganando en confianza siguiendo mi propio camino y corté vínculos con las personas negativas de mi vida. Pero por mucho que algunas personas siguieran siendo negativas, comenzaron a mostrarse mis verdaderos amigos.

*Las cosas mejoraron…*

A medida que me sentía más cómodo dejando que emergiera «el Matt real», comencé a atraer nuevos amigos y nuevas oportunidades. A medida que fui ganando notoriedad en mi ciudad natal, comenzaron a acercarse las personas que había ido eliminando de mi vida, pero yo estaba ocupado con mis nuevos amigos y mi carrera. Fui educado con ellos, pero ya habían demostrado quiénes eran. ¡Ese tren ya había partido!

La experiencia completa resultó ser muy reveladora. Me di cuenta de que una vez que eliminas esa energía negativa de tu vida, creas un nuevo camino. Pasé de tener miedo a hablar, a ser un yo alocado y chillón. Y no sólo encontré personas que eran como yo y apreciaban exactamente quién era yo, sino que tuve la oportunidad de llegar a una comunidad completamente nueva gracias a mis apariciones en televisión, a mis eventos en directo y virtuales ¡e incluso a mis libros!

Mi yo adulto no se parece en nada a ese niño asustado que se escondía en la cafetería. Nunca habría experimentado la increíble vida que tengo ahora si no hubiera superado mis miedos.

Ser yo mismo era una lección importante que tenía que aprender y me cambió la vida. No sólo mejoraron las cosas a nivel personal, sino que gané conocimiento y empatía por lo que estaban pasando otras personas. Y creo que ésa fue la parte principal de mi propia lección de vida.

## HE SUFRIDO UNA PÉRDIDA. ¿CÓMO SUPERARÉ ESTE DOLOR Y ESTA PENA?

Perder a un ser querido es lo más duro por lo que puedes pasar, pero déjame decirte que lo superarás. Todos los días veo personas sanar y liberar su dolor.

La parte más difícil del duelo es que es diferente para todos. Hay etapas de duelo, pero todo el mundo las experimenta en diferentes grados, incluso en diferente orden. Y cada uno se cura a su manera.

## Supera el shock inicial y comienza a sanar

No dejes que nadie te haga sentir que hay un proceso o un calendario particulares para el duelo. Enfrentarte a la pérdida es tu propio viaje personal, y lo que le funciona a otra persona podría no funcionarte a ti. Pero también es importante saber la diferencia entre el *shock* inicial y el dolor de la pérdida y el dolor sanador.

Cuando pierdes a un ser querido, es posible que te sientas desesperanzado y que no puedas continuar. Es posible que tengas la necesidad de esconderte y no enfrentarte a los recuerdos. Puedes actuar así, pero llega un momento en el que debes comenzar a hacer cosas que pueden doler, pero que también sanarán. Por ejemplo, ver fotografías antiguas es doloroso, pero el proceso es sanador. Deshacerte de la ropa vieja de tu ser querido y darla a alguien que la necesita puede ser difícil, pero también es sanador.

Una de las cosas que puede ayudarte a recuperarte del duelo y del dolor es explorar de dónde proviene tu dolor. Una forma de hacerlo consiste en hacer un inventario personal.

Hazte las siguientes preguntas. Piénsalas bien y asegúrate de que respondes siguiendo tus sentimientos reales. No hay respuestas correctas e incorrectas.

### *INVENTARIO DE DUELO*

1. Debería haber [acciones no llevadas a cabo antes de su muerte].
2. Soy una mala persona si no pienso en [ser querido] todo el tiempo.
3. Soy una mala persona si sigo adelante.
4. Debería haber sido un mejor [papel en esa relación].
5. No debo deshonrar la memoria de [ser querido] hablando de sus defectos o pensando en ellos.

Pensar en tus respuestas te ayudará a aceptar tus sentimientos. Cuando identifiques los puntos en los que estás bloqueado, es posible que quieras comentarlos con un amigo de confianza o con un terapeuta. Te lo prometo, puede doler, pero finalmente te ayudará a sanar.

Sanar el dolor es como recibir un masaje. Duele deshacer las contracturas, pero después te sientes mucho mejor.

## Desenvuelve los recuerdos

Tu ser querido no te quiere ver bloqueado e intentará darte un empujón para que sigas adelante. Esta historia lo ilustra. Conocí a una mujer en uno de mis eventos. Me resultaba familiar porque había asistido a varios eventos grupales con la esperanza de conectar con su hija, pero la chica nunca se manifestó.

Finalmente, en su cuarto evento, me sentí atraído por la madre desconsolada. Pude ver que su hija estaba detrás de ella en espíritu. La joven había muerto de cáncer. Su familia había hecho todo lo posible. Estaban convencidos de que podría vencerlo, pero el cáncer era demasiado agresivo. Le partió el corazón a su madre cuando falleció.

La chica me mostró una habitación llena de cajas y me dijo que había estado quince años en casa de su madre. La chica me indicó que verlas le provocaba dolor a su madre. Cuando se lo dije, la mujer se puso a llorar. Tenía muchísimo miedo del dolor que sentiría si abría las cajas llenas de las cosas de su hija. No quería revivir los recuerdos revisando las cajas. Pero lo que estaba pasando era que el recuerdo de su hija se estaba desvaneciendo.

La hija fue insistente. *«¡Te has dicho a ti misma durante quince años que no estabas preparada, pero ya es hora!».* La chica no pensaba dejar en paz a su madre. Quería que su madre le prometiera que revisaría las cajas. *«Hay cosas en esas cajas que necesita ver, recuerdos felices que la ayudarán a sanar».*

La mujer lo prometió y me preguntaba si cumpliría.

Me enteré cuando la mujer volvió a otro evento. Esta vez tenía a su familia a su lado y su energía había cambiado. Tenía color en las mejillas y vestía muy bien, con una blusa de colores. ¡Tenía una sonrisa en el rostro!

«¡Tú cambiaste mi vida! Al principio me resultaba muy difícil, pero a medida que iba revisando las cajas, mi dolor fue disminuyendo y volvieron a aparecer los recuerdos de mi hija».

Me hubiera gustado apuntarme el tanto, pero tuve que decirle: «Yo no cambié tu vida, fue tu hija quien lo hizo».

## Ayuda a alguien a dirigir el duelo

El duelo puede hacerte cuestionar muchas cosas y puede cambiarte como persona. Pero cuanto más elijas mantener viva la memoria de tu ser querido, más conectado te sentirás con el Espíritu, y eso en sí mismo ya es una bendición.

Siempre me siento muy honrado de poder ayudar a una persona en duelo a sanar. Pero no tienes que ser un médium para hacerlo. Si conoces a alguien que está de duelo, no tengas miedo de mencionar a su ser querido. Aún mejor, cuéntale una historia que traiga a esa persona a la vida.

Una nota especial para los padres: es muy doloroso cuando tu hijo fallece a cualquier edad, pero ten presente que siempre estará conectado contigo. Los padres que han perdido a un hijo temen la pregunta «¿Cuántos hijos tienes?». Di su nombre y no tengas miedo. No lo hagas desaparecer porque no quieres explicarlo.

Desearía poder darles a todos la oportunidad de ver la pérdida a través de mis ojos y ver cómo las personas que encuentras a faltar realmente te están cuidando, deseándote felicidad y sanación.

## ¿CÓMO PUEDO ENVIAR UN MENSAJE A MI SER QUERIDO?

La gente me pregunta siempre: «Matt, ¿puedes decirle a mi ser querido cuánto lo quiero?». Les digo que no funciona así. Como médium, entrego mensajes del cielo, pero no me necesitas para hablar con alguien que ha fallecido. Puedes conectar con él en cualquier momento.

Tu ser querido está literalmente a sólo un pensamiento de distancia. En el momento en que te venga a la mente un ser querido fallecido, imagínate tocando el timbre o enviando un mensaje de texto. En el momento en que piensas en él, es avisado.

Pero hay otras formas de enviar un mensaje:

- Puedes decir un mensaje en voz alta.
- Mantén una conversación con él dentro de tu cabeza.
- Escríbelo en una hoja de papel.

Independientemente de qué forma elijas para comunicarte, él recibirá el mensaje y sabrá que es tuyo.

## ¡Espera! ¿Qué le digo?

Recuerdo que cuando mi abuela estaba viva, le encantaba hablar conmigo. No importaba lo que le dijera, simplemente le encantaba la conexión. Es lo mismo ahora que está en el cielo. A tu ser querido le encanta saber de ti tanto como a ti te gusta saber de él. Puedes decirle casi cualquier cosa:

- Cuéntale cosas de tu día a día.
- Hazle saber qué están haciendo los miembros de tu familia.
- Pídele ayuda: «Mamá, tengo una entrevista de trabajo, por favor ayúdame con mi ansiedad».

No te lo pienses demasiado. Le puedes explicar las mismas cosas que le explicabas cuando estaba contigo en este mundo. Si te encantaba contarle a tu madre historias divertidas sobre los niños o pedirle consejo a tu padre, no te cortes.

## Visita la tumba

La gente hace un gran esfuerzo para ir a la tumba de un ser querido, pero para ser honesto, eso es más reconfortante para la persona viva. A la persona muerta no le importa dónde estés, sólo que estés pensando en ella.

La persona con la que estás hablando no está enterrada y puedes hablar con ella en cualquier lugar: en el automóvil, en la ducha o cuando paseas al perro. Estaba haciendo una lectura y la mujer no dejaba de pensar: «*¡Espero que mi* madre no sepa lo de Billy!*». Le pregunté: «¿Quién es Billy?».

«¿Cómo lo sabes? ¿Me estás leyendo la mente?».

«¡No, tu madre me lo ha dicho! Ella puede oír tus pensamientos».

Resulta que Billy era un antiguo amor que no le gustaba a su madre y estaban volviendo a salir. No quería que su madre lo supiera, pero no puedes ocultarle cosas a alguien que ha fallecido, ¡y no tienes que hacerlo!

Tus seres queridos en el cielo no te están juzgando, aunque pueden ver la situación tal como es y guiarte en la dirección correcta.

Como médium, he visto a personas enviar mensajes a sus seres queridos de muchas maneras: globos, linternas de papel, mensajes de texto a su teléfono móvil después de su muerte… lo que nos lleva a mi siguiente historia.

### Este número ya no está en servicio...

Estaba haciendo una lectura para una chica joven que había perdido a su padre. Después de su fallecimiento, todas las noches la chica llamaba al móvil de su padre, oía su voz y dejaba un mensaje. La ayudaba a sentirse conectada con él. Una noche llamó y se le rompió el corazón cuando descubrió que el número estaba desconectado.

Su padre se manifestó y le dijo: «¡El teléfono puede estar desconectado, pero no hay desconexión entre nosotros! He recibido todos tus mensajes, pero no necesitas el número de mi antiguo teléfono móvil. Puedes llamarme a cualquier hora».

## ¿POR QUÉ ALGUNAS PERSONAS ENTRAN EN NUESTRAS VIDAS SÓLO PARA HACERNOS DAÑO O DECEPCIONARNOS?

La vida es un viaje continuo. Hay personas que están a nuestro lado toda nuestra vida (y más allá), y otras que sólo están con nosotros durante parte del camino.

A veces, cuando las relaciones van mal, nos preguntamos por qué alguna vez esas personas formaron parte de nuestra vida.

Recientemente, una amiga vino a verme muy alterada. Tenía una amiga cercana a la que había conocido cuando trabajaban en un gran bufete de abogados. Decidieron abrirse camino por su cuenta y durante veinticinco años ejercieron juntos la abogacía. Estaban tan concentradas en levantar el negocio como un equipo que no podían imaginarse que alguna vez tomarían caminos separados. Durante veinticinco años ayudaron a clientes, cambiaron vidas y se construyeron una sólida reputación en la comunidad.

Pero un día las cosas cambiaron. Una de las socias decidió que ya no quería trabajar tanto y que había llegado la hora de jubilarse. La otra socia no estaba preparada para esto y trató de convencer a su amiga de que no se fuera. A pesar de intentar que funcionara, el edificio se puso a la venta y una de las partes se vio obligada a comprar la parte de la otra. Al final, el negocio no fue lo único que se disolvió. La amistad también.

Mi amiga me preguntó: «¿Por qué esta persona entró en mi vida si iba a terminar siendo tan egocéntrica?». La animé a mirarlo desde una perspectiva diferente. En realidad, si no se hubieran conocido, nunca habrían podido construir un negocio tan exitoso que fue provechoso para ellas y que ayudó a la comunidad durante veinticinco maravillosos años.

Bueno, no hubo una muerte en este caso, pero perder un negocio, un trabajo o una amistad también es una pérdida. Y al igual que cuando piensas en alguien que ha fallecido, es importante recordar los eventos de toda su vida, no sólo el fallecimiento.

Estás haciendo tu propio viaje. Independientemente de las personas que van y vienen, y de todas las cosas estrafalarias que te pasan a lo largo de tu vida, el cielo siempre trabajará para ayudarte a que no te desvíes de tu propio camino.

La vida acontece y las personas ejercen su libre albedrío. Pero otras personas están en nuestras vidas hasta cierto punto para ayudarnos a descubrir cosas sobre nosotros mismos.

Algo con sentido común que he oído a las almas con las que he conectado es no tomarse las cosas muy personalmente. La mayoría de las personas no están tratando de hacerte daño, sino que están haciendo su propio viaje.

Independientemente de lo que pase y de cuántas personas entren en tu vida, es importante mantener el corazón abierto. Incluso aunque tus relaciones cambien, no cierres la puerta a los recuerdos. Puedes mantener el contacto. Incluso aunque las relaciones cambien, al menos mira hacia atrás y trata de recordar los aspectos positivos y lo que te enseñaron.

## ¿POR QUÉ ESTOY AQUÍ? ¿CÓMO PUEDO DESCUBRIR MI VERDADERO PROPÓSITO?

Encontrar tu propósito no va tanto de encontrar el significado de *tu* vida, sino de aprender a hacer el mejor uso de tus dones y talentos. Pero si tuviera un dólar por cada persona que me pregunta si puedo ayudarla a identificar sus dones únicos, bueno, ¡tendría mucho dinero en efectivo!

### *Descubre tus dones y descubre cómo utilizarlos*

Algunas personas pintan, otras son músicos. Algunas son maestros naturales, inventores, curanderos y líderes. ¿Dónde encajas tú? Si no encajas en una profesión establecida, tal vez tu vocación sea iniciar un nuevo camino e inspirar un cambio positivo en el mundo. No se trata sólo de tu carrera profesional, se trata de vivir tu sueño y compartir lo que tienes en tu corazón.

Si no puedes identificar tu llamada, tengo una cosa que decirte: ¡no te lo pienses demasiado! Sólo mira hacia atrás a lo que amas. ¿En qué eres realmente bueno y qué es lo que más te gusta hacer? Si estás hojeando una serie de artículos en tu teléfono móvil o en tu ordenador, ¿en qué haces clic?

Piensa en las dificultades y en los desafíos por los que has pasado a lo largo de tu vida. ¿Cómo podrías aplicar esas capacidades para ayudar a alguien que está pasando por lo mismo o por algo similar?

También piensa en los momentos en los que estás totalmente absorto. Puedes saber cuándo estás así, porque el tiempo desaparece y te sumerges por completo en lo que estás haciendo.

### Has descubierto tu propósito. ¿Y ahora qué?

Muchas personas encuentran oportunidades, pero tienen miedo de dar el primer paso. Si eres abierto y consciente, a menudo el universo te echará una mano.

Una buena amiga mía de Boston adora los niños. Siempre quiso ser maestra, pero su vida la llevó en una dirección diferente y se convirtió en asistente administrativa. Aunque no era su verdadera vocación, era buena en su trabajo y los compañeros con los que trabajaba confiaban en ella y la respetaban. Pero cada día se daba cuenta de algo. Muchos de los ejecutivos de su empresa se encontraban con un problema. Tenían una apretada agenda de reuniones, viajes de negocios y cenas, y a menudo no había nadie para cuidar a sus hijos. Al ver que necesitaban ayuda, se ofreció como canguro de algunos de ellos. Después de echar una mano, se convirtió en una parte regular de su semana. Cada vez más personas del trabajo comenzaron a pedirle ayuda al salir del trabajo, ¡y se encontró con la agenda llena!

Eso le dio una idea a mi amiga: «¿Qué pasa si abro una empresa de cuidadoras en la ciudad para mamás y papás que necesitan ayuda?». Comenzó a hablar con otras personas que conocía que también adoraban a los niños y abrió uçna empresa de cuidadoras. ¡Lo petó! Más y más personas se enteraron de su servicio y había un flujo interminable de personas que buscaban cuidadoras. Mirando hacia atrás, se dio cuenta de que nunca se había desviado de su camino; en cambio, su trabajo como asistente administrativa la ayudó a ganarse la confianza del grupo adecuado de personas, lo que la llevó a un nuevo rumbo profesional.

¿Recuerdas las conexiones que he mencionado sobre construir? Éste es un gran ejemplo de cómo funciona. Ella conectó sus habilidades como asistente administrativo con personas que tenían una necesidad y luego las conectó con personas que también tenían el mismo sueño, la profesión perfecta. Y ella no sólo tuvo un gran éxito financiero, sino que ofrecía un inestimable servicio.

## ¡LA LEY DE LA ATRACCIÓN PARECE DEMASIADO BUENA PARA SER VERDAD! ¿ES CIERTA?

¡Es totalmente cierta! Recuerda que todos somos energía. Y como ser energético, eres como un gran imán. Cada pensamiento, cada acción y cada palabra que envías atrae más de lo mismo hacia ti.

A la gente le encanta pensar que el éxito tiene que ver con la suerte y tener de alguna manera más números en la tómbola. Pero si te centras en el hecho de que no tienes ese tipo de suerte, ¿sabes qué?, no atraerás oportunidades. La ley de la atracción funciona en ambos sentidos. Los pensamientos negativos atraen más negatividad. Los pensamientos positivos atraen cosas positivas.

Todos tenemos el don de crear la vida que queremos. Nacimos con una hoja de ruta en nuestras manos y si nos mantenemos atentos y positivos, el universo nos dará un empujoncito y nos mantendrá en el buen rumbo.

La siguiente es una historia de mi propia vida para ilustrar mi caso. ¿Recuerdas la tabla de visión de la que te he hablado antes? Bueno, así es como sucedió todo…

Tenía una relación larga, y aunque ella era una gran persona y nos divertíamos juntos, creo que ambos sabíamos que no éramos almas gemelas. Cuando esa relación terminó, supe que estaba preparado para encontrar a mi verdadero y único amor. Bien, años antes había sido juez en el concurso de Miss América y estaba muy asombrado por las mujeres que había conocido. No sólo eran hermosas y elegantes, sino que también eran inteligentes y cariñosas, y utilizaban su posición para sacar partido. Pensaba: «Imagina estar con alguien así».

Sabía que la ley de la atracción funcionaba, así que hice una tabla de visión. Puse todo lo que quería de una pareja. Podía visualizarla en mi mente, y lo puse todo en la tabla de visión: una chica del concurso, con pelo y ojos oscuros, que viviera en Rhode Island.

Poco después, haciendo un evento en un centro, me crucé en el *backstage* con el productor del concurso de Miss Massachusetts. Me invitó a ir a la puerta de al lado para conocer a las chicas.

Mientras hablaba con ellas, se acercó una mujer que me reconoció por mis apariciones en televisión. Nos pusimos a hablar y me preguntó si salía con alguien. Dijo: «¡Tengo a la mujer perfecta para ti! Fue Miss Rhode Island». ¡Oh, vaya! ¡Mi tabla de visión está funcionando! ¡Estaba tan emocionado! Pero no, era una chica guapa, pero sencillamente no triunfé. ¡Era raro! Encontré a la chica en mi tabla de visión, pero no hubo química.

Entonces, una noche entré en Instagram y vi que una chica muy guapa había empezado a seguirme. Afirmaba ser Miss Rhode Island. ¿Cómo podía ser? ¡Pensaba que ya la conocía! Pero resultó ser que la chica que había conocido era la ganadora de una edición anterior y Alexa era la actual Miss Rhode Island.

No perdí el tiempo. Le envié un mensaje y quedamos para tomar un café, y desde ese momento, ¡sencillamente fluyó! Me di cuenta de que todo lo que había pasado en mis relaciones hasta ese momento sólo me estaba guiando hasta Alexa, y ahora estamos casados.

## ¿CÓMO HAGO QUE LA LEY DE LA ATRACCIÓN ME FUNCIONE?

¿Alguna vez le has pedido consejo sobre cómo conseguir un ascenso a un mentor o a alguien que ocupa el mismo puesto de trabajo al que aspiras? Te dirán que te vistas y te comportes como si ya tuvieras ese trabajo. Algunas personas se relajan un poco o no actúan tan profesionalmente como podrían, y se dicen a sí mismas que mejorarán cuando consigan el ascenso. Luego se preguntan por qué nunca llega ese anhelado ascenso. El secreto para conseguir lo que quieres en el trabajo y en la vida es bastante simple.

## Cinco pasos para comenzar a manifestar felicidad

### PASO UNO: DEJA QUE CUALQUIER NEGATIVIDAD QUE TE PROVOCÓ ESTRÉS EN AÑOS ANTERIORES SE QUEDE AHÍ

La negatividad puede agotarte y hacerte sentir que te estás hundiendo, ¡pero sólo si lo permites! Cuando dices basta y tomas la decisión de liberar la presión y la pesadez que has estado sintiendo, ya no puede controlarte. Deja atrás la negatividad y decide que lo que sea que estaba en tu mente y te hacía sentir estresado ya no podrá entrar en tu vida. En vez de ello, céntrate en invitar a lo nuevo: sustituye cada pensamiento o cada desafío negativo por algo o por alguien más positivo que te aporte alegría y complemente tu vida.

### PASO DOS: RODÉATE DE FAMILIARES Y AMIGOS QUE TE APORTEN FELICIDAD

¿Hay alguien con quien has tenido la intención de contactar o de reconectar, pero sigues posponiéndolo? Haz que forme parte de tu vida llamándolo y volviendo a conectar con él. Las personas con las que te comuniques ahora permanecerán conectadas contigo durante el próximo año. Si no se te ocurre con quién quieres volver a conectar, céntrate en crear relaciones y traer nuevos amigos a tu vida. La vida es mucho más divertida cuando tienes personas a tu alrededor con las que puedes crear recuerdos y disfrutar de la vida. Puede que al principio salir de tu zona de confort y conocer gente nueva te haga sentirte incómodo, pero cuando te decidas, te encantarán las experiencias y los amigos que hagas, y disfrutarás del camino.

### PASO TRES: ESTABLECE LOS OBJETIVOS QUE QUIERES ALCANZAR (ESTA VEZ SERIOS)

Sé que en el pasado es posible que te hayas fijado un objetivo y no lo hayas conseguido. Este año no vas a dejar que eso pase. Para asegurarte de que sigues a rajatabla tu objetivo y de manifestarlo, saca tu calendario y escribe tu objetivo cada semana. Esto funciona mejor si escribes tu objetivo al principio de la semana, el lunes, por ejemplo. Ahora tu objetivo forma parte de tu calendario cotidiano, y cada semana te recordará que te esfuerces para conseguirlo. Al final de la semana, anota los pasos que has seguido para lograr tu objetivo. Al finalizar el año, cuando revises tu calendario, verás todo el progreso conseguido. Mola, ¿verdad?

### PASO CUATRO: NUNCA TENGAS UN NO COMO RESPUESTA

Es posible que te encuentres un obstáculo en el camino, pero eso no significa que debas reducir la velocidad. Puedes lograr cualquier cosa que te propongas. Has de saber que el cielo ha creado un plan para ti para que lo sigas, y este plan te llevará al éxito si también estás dispuesto a adoptar medidas. Si algo no funciona de inmediato, no te des por vencido, porque es posible que no sea el momento adecuado. En vez de ello, tómate una pausa temporal, mira a tu alrededor y busca otra oportunidad. Algunas cosas en la vida se descuajaringan para que otras puedan cuadrar de mejor manera. El hecho de que la respuesta sea no, no significa que no haya una mejor oportunidad esperando ser descubierta. El cielo siempre te llevará por el camino que te beneficiará más. Confía en dónde te lleva este camino.

### PASO CINCO: ESTÁ BIEN PONERTE POR DELANTE DE VEZ EN CUANDO

¿Cuántas veces has dicho que desearías tener un día sólo para ti, en el que no tuvieras que preocuparte por nadie más? Haz que eso sea una realidad este año planificando un día al mes para tomarte un día personal. Durante este día no hagas nada que implique trabajo, facturas o tareas del hogar. En vez de ello, céntrate en relajarte y liberar tu mente de todo el estrés diario que has ido acumulando. Este día puedes hacer cualquier cosa que te ayude a relajarte y a volver a entrar en contacto con tu alma. Días como éste te ayudarán a recargar tus energías y a equilibrar la sobrecarga que has estado sintiendo.

## ¿PUEDEN SANAR LOS PENSAMIENTOS POSITIVOS?

Era técnico de emergencias médicas antes de convertirme en un médium psíquico y estoy familiarizado con la medicina tradicional y la holística, y veo el valor de ambas. Teniendo esto en cuenta, creo que sanamos de dentro hacia fuera. La sanación comienza con nuestros pensamientos y nuestros sentimientos.

## Las historias felices dan lugar a resultados positivos

Hoy en día, hay una pastilla para todo. Si tienes dolor de cabeza, sufres ansiedad o no puedes dormir, hay una pastilla para ti. ¿Pero qué más puedes hacer para sanar?

Hace unos años, me invitaron a asistir a un evento llamado Imagination Heals. Era un programa para niños enfermos que luchaban contra enfermedades potencialmente mortales. El programa introdujo materiales positivos –tales como libros, películas y CD de audio– en los hospitales en los que los niños se estaban recuperando o estaban recibiendo tratamiento.

El programa recurría a personajes ficticios que vivían sus propios retos y utilizaban la positividad para superarlos. La esperanza era que cuando los niños se sometieran a la medicina tradicional, también echarían mano a estos programas y los escucharían, se relacionarían con los personajes y comenzarían a pensar positivamente. ¡Los resultados fueron asombrosos! Los niños comenzaron a responder al tratamiento y se curaron casi un 80 % más rápido que los otros niños. Los médicos descubrieron que, manteniendo las mentes de los niños alejadas de sus tratamientos, podían curarse más y más; ¡además, a los niños les encantó!

## Los niños sólo quieren ser niños

Recuerdo que en mi primera experiencia en Perú trabajando con niños enfermos en una enfermería tenía miedo de entrar. Sólo tenía diecisiete años y no sabía lo que presenciaría, pero absorbí mis emociones, las contuve y atravesé la puerta. Inmediatamente me sentí superado. Había niños que se habían quemado en un incendio, que estaban enfermos de cáncer, que tenían infecciones, etcétera. No pude evitar sentirme mal. Miré a un niño que llevaba una máscara facial. Miró la gorra de mi cabeza y se echó a reír. Me la quité y se la puse en su cabeza. No paraba de reír. Todos los niños empezaron a correr a nuestro alrededor. Una vez que me puse a jugar con ellos, ya no los vi como niños enfermos. Reían y bromeaban, y les encantaba la atención. Eran niños normales, pero estaban batallando contra la enfermedad. Su fuerza era asombrosa e inspiradora. Más tarde me di cuenta de que era porque no se veían a sí mismos como enfermos. Sólo querían ser niños normales y ser tratados como niños normales.

Mirando hacia atrás, hay una lección muy valiosa que podemos aprender de ellos sobre la curación. Es un viaje de la mente, del alma y del cuerpo. Cuando estés enfermo, no dejes que la vida te deprima. Elige continuar viviendo tu vida y no permitas que tu enfermedad te controle o tenga poder sobre ti. Ama y disfruta cada día, y trata de volver a la normalidad dejando que tus buenos días brillen por encima de los difíciles.

Cuando mantienes una mentalidad positiva y crees en ti mismo, comienzas a sanar.

## El poder del pensamiento positivo

Tenía una tía abuela que descubrió que tenía cáncer de mama en fase 4. Había hecho metástasis en los pulmones y tuvieron que extirparle parte del pulmón y los ganglios linfáticos. Después, toda la familia quedó estupefacta porque insistió en que no quería recibir quimioterapia.

El médico la instó a aplicar todos los tratamientos posibles porque el cáncer era muy agresivo, pero ella quería hacer las cosas a su manera.

Buscando remedios, se encontró con un té llamado ESSIAC que estaba dando buenos resultados. En contra del consejo de su médico, decidió probar una terapia alternativa. Siguió bebiendo su té especial y cada día se repetía afirmaciones positivas: «Estoy entrando en remisión; mi cuerpo está sano; voy a curarme».

Todos los días, mientras bebía su té, cerraba los ojos y probaba una técnica de meditación. Se imaginaba millones de diminutas burbujas exfoliantes atravesando su cuerpo, erosionando todas las células malignas. Les decía a las burbujas: «¡Ya sabéis qué tenéis que hacer!». Su travesía estuvo lejos de ser agradable. Fue dolorosa, dura y mental y físicamente desafiante. Por supuesto que tenía miedo, pero hizo a un lado sus miedos y tuvo fe en su pensamiento positivo.

Cada vez que acudía a la consulta del médico, recibía más buenas noticias. A pesar del desalentador diagnóstico inicial, su cuerpo se estaba curando. Su médico pasó de creer que no tenía ninguna posibilidad a ver los resultados como un milagro.

Vivió hasta bien entrada su vejez sin recurrencias.

No me malinterpretes. Creo que Dios obra a través de las manos de médicos y enfermeras, pero tu propia positividad también es una poderosa herramienta que te puede ayudar en tu recuperación.

## ¿FUNCIONAN LAS PLEGARIAS?

¡Si, sin lugar a duda! Comencemos hablando de pedir por otras personas. Enviar pensamientos y plegarias no es sólo un tópico. Creo que cuando rezas sinceramente por alguien, envías una parte de tu propia energía sanadora para estar con esa persona. También puedes introducir «refuerzos» pidiéndoles a tus ángeles que ayuden a esa persona.

Cuantas más plegarias consigas, mejor. Pienso en las plegarias como ladrillos: se construyen las unas sobre las otras. Últimamente he estado viendo más anuncios publicitarios de lugares como el hospital para niños St. Jude. Además de ayudar con una donación, me propongo enviar una plegaria cada vez que veo el anuncio o cada vez que pienso en esos niños. Espero que todos los que lo estén viendo envíen una plegaria, porque se acumulará la energía positiva y sé que ayudará. No tienes que estar junto a la cama de alguien para que las plegarias funcionen. ¡La energía positiva no tiene límites!

### Amor celestial durante la COVID-19

Hice una lectura a una mujer cuya madre estaba con alzhéimer en una residencia. Su hija iba a la residencia de ancianos casi todos los días para estar con su madre, llevarle comida y mirar álbumes de fotografías con ella. Cuando llegó la COVID-19, la residencia de ancianos cerró y no se autorizaron las visitas. La mujer estaba preocupada porque de repente no podía estar con su madre, ni siquiera llevarle comida. Debido a la enfermedad de su madre, no le era posible llamar por teléfono o hacer un FaceTime. Todo lo que la mujer podía hacer era rezar, y lo hacía todas las noches. También le pidió a su padre, que había fallecido, que cuidara de su madre. En efecto, el padre se manifestó en una lectura y le aseguró que había recibido sus plegarias y que estaba cuidando a su madre.

Antes de cada evento y de cada lectura digo una oración en silencio. Rezo para que las personas que están de duelo reciban los mensajes que necesitan y conecten con esos seres queridos que puedan ayudarlas a sanar. Puedo sentir el poder de esa sencilla plegaria, ¡y sé que ayuda!

# MÁS A FONDO

## *Comprende las lecciones de vida*

Piensa en tu vida. Cómo ha cambiado el modo en que abordas la vida a medida que creces, eres influenciado por otras personas, tienes experiencias y viajas. A veces, las experiencias que más cambian la vida son las que son difíciles de atravesar, pero sales más reforzado en el otro lado.

Yo mismo me doy cuenta de que cuando me hacían *bullying* en el instituto, aprendí no sólo quién soy, sino también con qué tipo de personas quiero pasar el tiempo. También me ayudó a ser compasivo cuando trato con personas que están en aprietos o de duelo.

A veces puedes mirar hacia atrás en tu vida y ver sólo lo negativo. «Mis padres se divorciaron, mi relación terminó, me despidieron de mi trabajo, tuve problemas económicos». Si bien no puedes negar que esos desafíos son ciertos, puedes reprogramar tu cerebro para verlos de otra manera. Para conseguirlo, ¿por qué no hacer un inventario rápido de las personas y de los acontecimientos de tu vida de los que sacaste las mejores lecciones?

Siéntate en silencio y trata de relajar tu mente. Piensa en tu vida. Vuelve a visitar tu infancia, tu adolescencia, tus fiestas universitarias, etcétera. En cada período, piensa en los acontecimientos que más destacan. Utiliza tu intuición para captar los pensamientos que surgen en tu cabeza, incluso aunque no parezcan relevantes. Anota tus percepciones.

Cuando tengas una buena lista de acontecimientos y de personas importantes, reflexiona sobre lo que te enseñaron.

Tal vez quieras escribir un diario sobre ellos o bien tener una conversación con un amigo de confianza. Indaga sobre las lecciones recibidas. ¿Cómo te ayudó tu divorcio a ser más fuerte? ¿Qué te enseñó la muerte de una mascota acerca de apreciar el amor incondicional? ¿Cómo te enseñó tu madre o tu jefe sobre a proteger tu energía? Al revisar tus experiencias pasadas, podrás identificar mejor nuevas lecciones y oportunidades de crecimiento.

# CAPÍTULO 10

# Unas últimas reflexiones sobre el karma, el consejo divino, la energía y el universo

*«Cuanto más aprendes sobre el cielo, más se convierte en un lugar familiar».*

## ¿LOS ESPÍRITUS PUEDEN ESTAR ALREDEDOR DE MÁS DE UNA PERSONA A LA VEZ? ¿CÓMO?

Sí. Es comprensible que mucha gente se pregunte exactamente cómo funciona esto. Es mejor no pensar demasiado y simplemente aceptar el hecho de que los espíritus pueden estar en más de un lugar y con más de una persona a la vez. ¿Por qué? Porque no tienen límites. Éste es un concepto difícil de entender porque somos humanos. Pero piensa en una llamada de Skype o de Zoom. La mayoría de nosotros no sabemos exactamente cómo funciona la tecnología, pero sabes que no tienes que salir de tu casa para hacer una videollamada con un familiar de cualquier parte del mundo. En realidad, tu ser querido no abandona el cielo para conectar contigo, del mismo modo que tú no sales de tu oficina o de la sala de estar de tu casa para chatear por vídeo con personas de otros lugares.

## Comparte un arcoíris

Esta pregunta me recuerda un día que iba conduciendo a casa y vi un arcoíris asombroso sobre mi casa. Entré y cogí a mi familia, y todos salimos corriendo a admirarlo. Era enorme y brillante, y parecía que comenzaba en mi jardín trasero. Hice una fotografía y la publiqué en Facebook. ¡Diez minutos después vi que docenas de personas de mi Feed habían publicado el mismo arcoíris sobre sus propios hogares o en la autopista camino al trabajo! Parecía como si estuviera justo sobre mi casa, pero estaba en todas partes… como el cielo.

Muchas personas se ponen nerviosas cuando oyen que un ser querido está vigilando a otro miembro de la familia y no a él. ¡No deben preocuparse! De hecho, si una persona siente la presencia, es probable que otros también sientan la presencia de esa misma alma.

He oído del Espíritu que es un gran alivio cuando las almas llegan al cielo y se dan cuenta de que no tienen que repartir su tiempo entre sus seres queridos. Al igual que mi arcoíris, pueden vigilar a todos y todos sentirán esa conexión personal.

## ¿LOS ESPÍRITUS COMEN Y VAN AL BAÑO?

Esta pregunta es realmente complicada. No hay una respuesta de sí o no, pero tal vez la siguiente historia te ayude a esclarecerlo.

Una vez hice una lectura para una familia y se manifestó su abuelo. Cuando estaba vivo, su ritual al atardecer era sentarse en su sillón reclinable y comer helado, y eso es exactamente lo que me mostró. La familia se sorprendió: «Espera, ¿la gente come en el cielo?».

Las personas en el cielo *pueden* comer, pero no tienen por qué hacerlo. A menudo consiguen hacer las cosas que más les gustaba hacer en vida. No me resulta extraño ver a un chef cocinando o a un padre tomándose una taza de café.

Es importante saber que el hecho de que aparezca comida en una lectura no significa que las almas hagan tres comidas al día. No necesitan comer para sobrevivir (después de todo, están muertos), pero todavía llevan a cabo actividades que representan sus personalidades y quiénes fueron en vida.

¿Creo que los espíritus podrían servirse ocasionalmente una copa de vino y disfrutarlo con otras almas? Sé que lo hacen, pero es más algo simbólico que una comida o una bebida reales. La comida y la bebida tienen un significado completamente diferente en el cielo.

## Disfruta de lo que se había perdido en vida

Una familia cuyo padre había fallecido acudió a mí. Antes de morir lo pasó muy mal con la comida. Llevaba en una sonda gastrointestinal y no podía soportar el hecho de que no pudiera disfrutar de sus comidas favoritas. Le suplicaba a su familia un bistec o una hamburguesa. Pero no podían dárselos y sufrió esos antojos durante años hasta su fallecimiento.

Cuando se manifestó durante la lectura, estaba rodeado de comida –bistec, puré de patatas, pastel de queso– y me dijo que había recuperado todo el peso que había perdido cuando estaba enfermo. Su familia estuvo muy feliz de saber que volvía a ser el mismo de antes y disfrutaba de las comidas que le habían negado durante su enfermedad.

Cuando un ser querido fallece, quiere que lo recuerdes feliz. Esta lectura fue muy sanadora para la familia y para la propia alma porque sustituyó la imagen que tenían de él delgado, hambriento y frustrado, por la imagen de él sano y feliz en el cielo rodeado de sus platos favoritos.

Por lo general, los espíritus no necesitan las mismas cosas que nosotros para sobrevivir, porque la supervivencia ya no es un problema. No hay hospitales ni cementerios en el cielo. Si ves a un miembro de la familia haciendo *footing*, duchándose o comiendo una hamburguesa en el cielo, sólo es una forma que tiene de manifestarse.

Lo que estás viendo no es realmente que tu ser querido esté comiendo. La actividad terrenal que te está mostrando es un vínculo con su antiguo yo y la personalidad que aún tiene en el cielo.

¡Esto me hace pensar en Casper, el fantasma bueno! Me encantaban esos dibujos animados cuando era niño, y recuerdo cuando los tíos de

Casper estaban sentados a la mesa comiendo y la comida los atravesaba. No necesitaban la comida, pero todavía estaban conectados con el acto de comer.

## ¿LOS MUERTOS DUERMEN EN EL CIELO?

Esta pregunta es la misma que la anterior, porque las actividades que necesitamos llevar a cabo para mantenernos sanos en la tierra no se aplican en el cielo. Así pues, la respuesta es no, y uno de los motivos es que no hay día ni noche. No hay horarios. El cielo es infinito e ilimitado.

Lo que es muy sorprendente es que, dado que el Espíritu es energía, cuando van al otro lado también son infinitos. No necesitan descansar ni sienten los efectos del tiempo.

Ésta es la razón por la que tus seres queridos pueden estar contigo en cualquier momento. Si los llamas, puedes estar seguro de que no los molestarás mientras están cenando o durmiendo. ¡Es casi como vivir en Alaska, donde puede ser de día o de noche durante semanas! Excepto que en el cielo siempre es de día.

¡No puedo evitar pensar que el cielo es como la ciudad de Nueva York o Las Vegas! Nunca hay un momento en el que todo el mundo esté en casa o durmiendo. Siempre hay gente en la calle ocupándose de sus asuntos. Los espíritus ni siquiera tienen conciencia del tiempo.

### Los hitos terrestres pierden su significado en el cielo

Los hitos son muy importantes para los vivos. Aquí en la tierra, estamos definidos por el nacimiento y la muerte. Celebramos cuando nace un bebé y lloramos cuando alguien fallece. El tiempo y las fechas se siguen de cerca en la vida, pero no importan nada en el cielo.

Las almas no celebran sus propios hitos en el cielo, pero sí celebran las fechas importantes con los vivos. Los cumpleaños, los aniversarios y los días destacados acercan las almas a los vivos porque se sienten atraídas por las reuniones familiares, el amor y la diversión.

# ¿ES DIFERENTE MI SER QUERIDO EN EL CIELO?

La respuesta es sí y no. Recuerda que, durante su tránsito al cielo, tus seres queridos sólo se quedan con sus mejores cosas.

Primero pasan por una revisión de la vida y dejan atrás todas las cosas demasiado «pesadas» para llevarlas al cielo. Se liberan de cosas como las adicciones, las enfermedades mentales y las discapacidades, pero se aferran al amor que sienten por ti. Cuando se manifiestan a un médium, siempre quieren que los veas y los recuerdes lo mejor posible.

En el cielo las almas son básicamente la versión más positiva y auténtica de sí mismas. Imagina que pudieras hacer una página de Facebook en el cielo que reflejara tu mejor yo ideal. Habría *posts* de ti con un aspecto sano y feliz, disfrutando de tus actividades favoritas y divirtiéndote junto a tus seres queridos.

El yo celestial de cada uno de nosotros es un poco diferente, porque todavía está asociado con quienes fuimos en vida. Tu yo celestial es como tu foto de perfil de Facebook más perfecta. Todos tenemos esa fotografía de nosotros mismos en la que consideramos que nos vemos muy bien. Pasa lo mismo con tus seres queridos en el cielo.

A pesar de todas estas diferencias entre los vivos y los muertos, lo único que sobrevive es su personalidad, ¡y eso es lo que hace que mi trabajo resulte tan divertido! Cuando hago una lectura, me encuentro con el yo real del alma. Si fue extravagante en la vida, es extravagantes cuando se manifiesta. Puedo decir inmediatamente si es introvertida o extrovertida, divertida o seria.

## ¿Ha cambiado tanto mi ser querido?

A veces puedes recibir una lectura que no tenga sentido. Por ejemplo, una amiga mía acaba de ir a un psíquico de mascotas. Tenía un golden retriever que había muerto. Deseaba desesperadamente conectar con él porque lo echaba mucho en falta.

«¿A tu perro le gustaba que lo disfrazaras? Lo estoy viendo con un disfraz de vikingo y sujetando una lanza». Mi amiga se devanó los sesos para encontrar una conexión, pero si su perro nunca le dejó que le pusiera una camiseta, ¡imagínate un disfraz de vikingo!

Un día que habíamos quedado, me contó la historia. Estaba obsesionada con la lectura: ¿su perro había sufrido un cambio de personalidad?

Me di cuenta de que su perro no había cambiado, simplemente se trataba de una mala lectura. ¡Tienes que darte cuenta de que hay lecturas que no dan en el blanco y eso no significa que tu ser querido haya cambiado o esté apoyando a un equipo diferente!

Los psíquicos son humanos y tienen diferentes niveles de habilidad, o sencillamente pueden tener un mal día.

Si estabas conectado con un ser querido y sabías cómo era en vida, piénsalo dos veces antes de dejar que una lectura te convenza de que ha cambiado. Un alma puede decir algo que te sorprenda, y es capaz de perdonar y de entender las cosas de manera diferente, pero su verdadero yo no cambia cuando hace el tránsito.

## ¿QUÉ SON LOS ORBES ESPIRITUALES EN IMÁGENES?

La gente me pregunta si realmente pueden ver espíritus. El hecho de que sean energía los hace difíciles de ver con el ojo humano. Pero se pueden ver indicios, rastros o señales de su presencia. ¿Alguna vez has hecho una foto y luego has visto una bola o un punto de luz? Los orbes espirituales suelen verse en las fotos, pero a veces se pueden ver a simple vista.

Si un ser querido está presente cuando haces una foto, es posible que veas una silueta o una sombra, pero lo más frecuente es que aparezca un orbe, una manifestación de su energía que la cámara capta cuando pasa por delante.

Hay muchas personas que publican fotos en mi página de Facebook, de días de vacaciones y celebraciones, con orbes a los que no habían prestado atención. Cuando tienen tiempo para revisar las fotos, ¡ven que los orbes están ahí! No es coincidencia que aparezcan en ocasiones especiales y reuniones. Al Espíritu le gusta estar allí cuando sus seres queridos se reúnen.

A veces, el Espíritu me dice que aparece como un orbe en las fotos y la familia ni siquiera se ha dado cuenta. ¡Pero después de la lectura, vuelven a mirar las fotos y pueden verlo!

Cuando la gente me muestra fotos de orbes, esperan que les diga exactamente a quién representa el orbe. Honestamente, no puedo leer mucho del orbe en las fotos, ya que no tengo ese don. En cambio, mi madre sí tiene el don de ver a quién representa el orbe.

Recuerdo una vez que una mujer acudió a mí para una lectura. ¡Acababa de tener un bebé y cuando veía al bebé por el monitor, podía ver un orbe rodeándolo!

El orbe se cernía sobre el bebé todas las noches y la madre estaba un poco asustada. Vi el vídeo y supe que no tenía nada de qué preocuparse. Pude sentir la presencia amorosa de la madre de la mujer y nos dimos cuenta de que el orbe apareció por primera vez en el aniversario de la muerte de su madre.

Cuando veas un orbe en una fotografía, piensa en cuándo fue tomada. Lo más probable es que sea un día señalado, un aniversario o alguna otra fecha importante.

## ¿CÓMO PUEDO INVOCAR A MIS ÁNGELES PARA QUE ME AYUDEN?

¡Sólo tienes que enviar un pensamiento a tus ángeles, y allí estarán! Les encanta ayudar cuando necesitas consejo, protección o un hombro celestial en el que apoyarte.

Hay ángeles e incluso santos específicos a los que puedes invocar para que te ayuden con diferentes cosas.

Un santo al que invoco es san Antonio, el santo de las cosas perdidas. Como todos los ángeles y santos, san Antonio no sólo aparece y te entrega las llaves perdidas del vehículo. Los ángeles no interferirán en tu vida sin permiso a menos que corras un peligro muy serio, pero siempre están contentos de ayudarte. Todo lo que necesitan es una invitación tuya. No tiene que ser nada complicado. Un «Por favor, ayúdame» o un «Por favor, ayuda a mi ser querido» servirán. Y ni siquiera necesitas decirlo en voz alta: tus ángeles oirán tus pensamientos y entenderán tus intenciones. Si no encuentras un documento, un anillo o incluso tu automóvil en el aparcamiento, puedes invocar a san Antonio con esta oración. No importa que no seas católico: ¡san Antonio puede ayudar a cualquier persona de cualquier religión!

«Os saludo, glorioso santo Antonio, fiel protector de los que en vosotros esperan. Ya que habéis recibido de Dios el poder especial de hacer y hallar los objetos perdidos, socorredme en este momento, a fin de que, mediante vuestro auxilio, yo encuentre el objeto que busco [nombre del objeto]».

Tengo una historia divertida. Hace un par de años, Alexa estaba preparando la cena de Acción de Gracias. Hacía calor en casa de tanto cocinar, así que Alexa abrió una ventana. No vimos cómo el gato salía por la ventana, y no nos dimos cuenta de que se había ido hasta esa noche, cuando tuve la visión de que el gato se había escapado. Buscamos y buscamos, pero no encontramos el gato hasta que recé a san Antonio. Tan pronto como dije la oración, vi una imagen del gato en el patio de un vecino. Y efectivamente, ahí es donde estaba. ¡Le atribuyo a san Antonio el haberlo encontrado!

En mi familia, decimos que cuando rezas a un santo, lo invitas a tu vida. Cualquier santo que quiera estar cerca de mí es bienvenido, y haré cualquier cosa para convencerlo de que se quede cerca de mí. Tengo una medalla de san Cristóbal en mi automóvil porque es el santo patrón de los conductores. Cuando llegó la COVID-19, le di a mi familia medallas de san Roque, porque es el santo protector de las enfermedades infecciosas.

Tener un santo en tu vida es reconfortante y también puede brindarte ayuda y consejo cuando lo necesites.

## ¿MIS SERES QUERIDOS SABEN QUE VISITO SU TUMBA?

¡Sí, sin duda, y no es porque estén dando vueltas por el cementerio! Eres tú por quien se sienten atraídos y pueden sentir que has dedicado tiempo a visitar su tumba y a pensar en ellos.

A veces, las personas ponen mucho esfuerzo en visitar y mantener las tumbas. No importa lo que te haya dicho tu ser querido antes de morir; una vez que hace el tránsito, se preocupa por ti, no por el lugar donde está enterrado el cuerpo que ya no ocupa.

Una vez una madre se manifestó en espíritu. Cuando supo que se estaba muriendo, le dijo a su hija que era muy importante que cuidara su tumba. Quería que le cambiaran con frecuencia las flores frescas y que la tumba estuviera limpia. Quería que la gente que pasara por delante de su tumba supiera que era querida. La hija estuvo años limpiando la tumba, pero finalmente se mudó y no podía visitar la tumba con tanta frecuencia. La madre dijo que sabía que la hija había dejado de visitar su tumba.

¡Deberías haber visto la cara de su hija! Estaba muy nerviosa, pensando que la habían pillado. ¡Pero la madre dijo que no se preocupara! Desde su nueva perspectiva, se dio cuenta de que lo importante no era la tumba, sino que su hija pensara en ella con amor y honrara su memoria.

La gente a menudo me pregunta si estoy abrumado de mensajes cuando voy a un cementerio. ¡Nada de eso! Los espíritus no pasan el rato en los cementerios. Siento la emoción residual de los funerales y capto la energía de los vivos que visitan las tumbas, pero no tengo más conexiones espirituales allí que en cualquier otro lugar.

La gente pone mucha energía y dinero en elegir lápidas o crear monumentos conmemorativos, como bancos o placas. Son formas bonitas de demostrar tu amor, pero les importan más a los vivos que a los muertos, a pesar de que aprecian tu gesto de amor. Si colocas un banco para tu ser querido, no estará sentado en él todo el tiempo en espíritu. Pero si vas allí y piensas en él, se sentará contigo.

Si lo piensas, tiene sentido. Por ejemplo, pertenezco a una organización en la que si donas dinero, te colocan una baldosa en una acera. Donamos dinero y es genial ver la baldosa que dice «DONADO POR LA FAMILIA FRASER». Me gusta verlo cuando paso, ¡pero no pasamos el día junto a nuestra baldosa!

## *Nada importa más que tus pensamientos amorosos*

Las personas tienen muchas formas de recordar a sus seres queridos. Una mujer que conocí en un evento echaba en falta a su hermano y tuvo la idea de sentarse en su tumba y beber una cerveza con él. ¡Él se manifestó en una lectura y le dijo que había estado allí con ella!

Ve a un cementerio o siéntate en la tumba de tu ser querido si eso te hace sentir mejor. Pero si te mudas o no puedes ir por alguna razón, no te preocupes. Sólo pensar en ellos ya es suficiente. ¡Es la intención lo que cuenta! Crear un lugar de recuerdo en tu hogar o en tu jardín tiene el mismo propósito.

## ¿PUEDE LA GENTE VOLVER A MORIR EN EL CIELO?

Lo creas o no, la gente me hace esta pregunta. La respuesta es no; sin embargo, a veces los espíritus deciden volver de nuevo a la tierra si están cumpliendo un trabajo o un papel divinos. Cuando se van, no vuelven a morir, sino que sencillamente asumen su forma celestial.

Recuerda que tu espíritu está destinado a vivir; es la parte de ti que nunca muere y, al igual que la energía, es infinita. Dicho esto, la gente en el cielo no se toma la muerte tan en serio como nosotros. Para ellos, es simplemente una transición.

## ¿ES EL KARMA REAL?

Sí, el karma es real, y tengo noticias para ti: el karma puede ser tanto bueno como malo. La gente a menudo piensa que el karma es algo malo. La gente incluso podría temer al karma. Pero va en ambos sentidos.

El mal karma siempre vuelve sobre el donante. El buen karma también regresa, lo cual es importante recordarlo. Las personas se enfadan cuando son buenas con alguien o lo ayudan y la persona no lo aprecia. ¡Pero no tienes que preocuparte! El universo hace un seguimiento.

Todos tenemos una «hucha» de buen karma que acumula buen karma para cuando lo necesitemos. El universo tiene una forma de hacer el seguimiento y cada acto de bondad suma como dinero en el banco. Cuando tienes una época en tu vida en la que necesitas energía amorosa positiva, esa buena fortuna está ahí para ti.

## Siembra semillas de bondad

Tengo una amiga que es el epítome del buen karma. Siempre está practicando la gratitud, se puede contar con ella cuando un amigo necesita ayuda y es excelente a la hora de escuchar y dar consejos. Aunque sus amigos van a lo suyo y algunos no aprecian su amabilidad y su generosidad, nunca deja que eso la afecte. Sigue siendo la persona amable y generosa que es.

Ha sido así desde que la conozco, pero hace unos años su vida dio un vuelco. Le diagnosticaron un cáncer muy raro que se consideraba prácticamente intratable. Sus médicos le aconsejaron que fuera a Nueva York para ser visitada por un especialista. El médico de Nueva York había tratado con éxito a otros pacientes con el mismo tipo de cáncer y ella sabía que esta era su única posibilidad de supervivencia. ¡No tenía idea de cómo podría pagar el tratamiento y la atención médica, y apenas tenía las energías para pensar en hacer las maletas y trasladarse!

Nunca fue de ese tipo de personas que van pidiendo, pero un amigo creó en secreto una página de GoFundMe[2] para ella. Casi de la noche a la mañana, se recaudó casi medio millón de dólares. Todas las personas que habían pasado por su vida se solidarizaron con ella, abogaron por ella e hicieron correr la voz por todas partes. Parecía como si cada una de las personas con las que había sido amable a lo largo de los años

---

2. GoFundMe es una plataforma estadounidense de financiación colectiva con fines de lucro que permite a las personas recaudar dinero para finalidades muy variadas. Entre 2010 y 2020, han colaborado más de 120 millones de donantes y se han recaudado más de 9000 millones de dólares. Una de cada tres campañas está destinada a recaudar fondos para cubrir gastos médicos, hecho que se atribuye en parte a fallos en el sistema de atención médica de Estados Unidos. *(N. del T.)*

se lo contara a algunos amigos, quienes a su vez se lo contaran a otros amigos suyos, y así sucesivamente.

Aunque nunca esperaba este tipo de resultado de sus buenas acciones, prevaleció su buen karma. Pudo recibir el tratamiento que necesitaba y sobrevivió. A mí no me sorprendió en absoluto. ¡Es así como funciona el karma!

## Crear buen karma es sencillo

A veces, la vida se vuelve loca y te preguntas cómo te las arreglarás para llegar al final al día, y encima practicar actos de bondad al azar. Pero puedes ser una fuente constante de energía positiva y buenas vibraciones si recuerdas estas cuatro sencillas técnicas:

1. Perdona. Cuando guardas rencor, en realidad te estás aferrando a la energía negativa de otra persona y dejas que viva dentro de ti. En lugar de eso, ¡suéltalo! No mereces aferrarte a ninguna energía negativa que otra persona haya metido en tu vida. De todos modos, perdonar no significa que olvides. ¡Es un regalo que te haces a ti mismo porque te libera! Cuando perdonas, borras esa energía de tu vida.
2. Expresa gratitud siempre que puedas. Hay mucha gratitud para repartir, así que agradece todo lo que es bueno en tu vida: las personas que se preocupan por ti, tus mascotas, tu trabajo, las flores de tu jardín… Cuanto más consciente seas de practicar la gratitud, más cosas buenas atraerás.
3. Sé consciente de tus acciones. ¿Alguna vez has tenido prisa y te has dado cuenta de que saliste del supermercado o del banco sin dar las gracias, o sin ni siquiera mirar, a la persona que te ayudó? Cuando reduzcas la velocidad y prestes atención, encontrarás muchas oportunidades para practicar la amabilidad con una sonrisa, un gracias o una mano amiga.
4. Sé amable contigo mismo. Cómo te sientes por dentro se refleja en cómo tratas a otras personas, ¡así que sé tu mejor amigo! Pega afirmaciones positivas en el espejo de tu lavabo y evita ser demasiado

autocrítico y negativo. Anímate y date un respiro cuando lo necesites, tal como lo harías con un ser querido.

La bondad sincera, la gratitud y la positividad son formas sencillas de hacer del mundo un lugar mejor. Ser una fuente de luz se siente bien al momento, y el buen karma que ganas aparece justo cuando más lo necesitas. ¡Te animo a que adquieras el hábito del buen karma y practiques el perdón, la gratitud, el *mindfulness* y la aceptación todos los días!

## Cambia el mal karma

Conozco personas que hicieron cosas locas e irreflexivas cuando eran jóvenes. A algunas de esas personas les preocupa que esos actos tengan consecuencias más adelante. El karma pasa, pero no necesariamente es algo malo, porque te da la oportunidad de gestionar mejor las cosas la segunda vez. Hay momentos en la vida en los que el mal karma vuelve, pero puedes cambiarlo en función de cómo gestiones el desafío. Cuando creces espiritualmente, te vuelves cada vez mejor para detener el ciclo kármico con conocimiento y consciencia.

Incluso aunque no notes que el universo te está haciendo responsable de tus acciones pasadas, es posible que te sientas mejor si haces las paces. La culpa y la evitación pueden hacer que te sientas bloqueado y darte la sensación persistente de que hay asuntos pendientes de los que debes ocuparte. Por eso en Alcohólicos Anónimos uno de los pasos es reparar el daño, pero puedes beneficiarte de mirar hacia atrás y admitir (incluso sólo para ti mismo) que estabas equivocado.

## SIGO OYENDO HABLAR DE MERCURIO RETRÓGRADO. ¿QUÉ ES ESO?

¿Has pasado por esos momentos en la vida en los que nada sale bien? Tu automóvil se rompe, los acuerdos no llegan a buen puerto y tu ordenador falla. Lo más probable es que no seas tú, se trata de Mercurio retrógrado.

Mercurio es el planeta de la comunicación, y cualquier tipo de comunicación se vuelve confusa cuando está retrógrado. ¿Pero qué significa «retrógrado» y qué tiene que ver con el planeta Mercurio?

La palabra «retrógrado» significa moverse hacia atrás, pero cuando Mercurio está retrógrado, el planeta en realidad no se mueve hacia atrás, aunque si estuvieras mirando por un telescopio, podría parecerlo. Es como cuando viajas en un tren que está junto a otro tren en la estación. Cuando tu tren avanza, si el otro tren no se mueve, parece como si el otro tren en realidad fuera hacia atrás.

Así pues, la sensación de que Mercurio se está moviendo hacia atrás es una ilusión, ¡pero su impacto puede sentirse muy real! La turbulencia y la disrupción que provoca Mercurio cuando está retrógrado pueden afectar lo que sentimos en la Tierra en nuestra vida cotidiana.

Las personas tienen diferentes grados de sensibilidad a este cambio energético. Por supuesto, algunas personas no lo piensan ni un minuto, pero hay otras que cambian su comportamiento durante estos meses.

Algunas personas no firmarán ningún tipo de contrato mientras Mercurio esté retrógrado. Personalmente, no lo llevo tan lejos, pero si firmo un contrato o hago una transacción importante, soy extremadamente cuidadoso y nunca me sorprende si algo sale mal.

### Prepárate para navegar por Mercurio retrógrado

Mi consejo es estar atento, pero más allá de esto, no dejes que Mercurio retrógrado te provoque temor. Márcalo en tu calendario para que sepas qué puedes esperar. De esta manera, si tienes que tomar un vuelo, ¡puedes poner en la maleta alguna bolsa de *snacks* para los inevitables retrasos!

A continuación, te pongo un ejemplo de lo que quiero decir. Estaba grabando un curso y teníamos un calendario de producción ajustado. No podía suspender la filmación, pero estaba nervioso porque Mercurio estaba retrógrado.

Le dije al equipo que tuvieran mucho cuidado e hicieran copias de seguridad de todo. No creían en esto, y podrían haber pensado que estaba loco, pero aceptaron.

Tengo que admitir que tenía bastantes manías: revisaba los micrófonos y las cámaras, y le recordaba al equipo una y otra vez que hicieran una copia de seguridad de todo.

Cuando terminó la filmación, no supe nada de nadie durante dos semanas. Cuando llamé al equipo de filmación para ver cómo iba el montaje, estaban avergonzados. Resulta que su ordenador se había colgado a la mitad del proceso de edición. Por suerte, tenían copias de seguridad (¡gracias a mí!), pero tuvieron que empezar a editarlo todo de nuevo. ¡Podría haber sido mucho peor!

Mercurio retrógrado no es algo a lo que temer…, no arruinará tu vida, aunque indudablemente puede arruinarte el día. Pero como con la mayoría de las cosas, si eres consciente y estás preparado, puedes mitigar cualquier daño que pudiera provocar.

# MÁS A FONDO

## *Deja ir la energía negativa*

---

Gran parte de la energía negativa que hay en tu vida no tiene por qué estar ahí. A continuación, te ofrezco algunos consejos que te ayudarán a evitar la energía negativa y que se te «pegue».

- DEJA SALIR. Mi madre me solía decir que, si le explicaba una pesadilla que había tenido, nunca más volvería a tener esa misma pesadilla. Creo que funciona igual con las «pesadillas» que experimentamos cuando estamos despiertos. Creo que no debes impedir que salgan los malos sentimientos. Cuando te aferras a viejas experiencias traumáticas y no hablas de ellas, tienen maneras de quedarse contigo y hacerse más grandes. Tienes que dejarlas salir. Hablar de ello con alguien como un terapeuta o un amigo evita que ese recuerdo tóxico tenga poder sobre ti.

- OLVIDA. Perdona y sigue adelante. Recuerda, el perdón es un regalo que te haces a ti mismo, así que no sientas que cuando perdonas a alguien, lo estás dejando salir de rositas. Tienes la opción de elegir a quién dejas entrar en tu vida. Si alguien te ha tratado mal, perdonarlo no significa que tengas que dedicarle tiempo. Es tu decisión. En realidad, perdonar libera el control energético que tiene sobre ti.

- SIMPLEMENTE DI NO. Reconoce a las personas tóxicas y evítalas. Tu intuición y tus propias emociones te indicarán cuándo hay una relación en tu vida que no te está sirviendo. ¿Te sientes triste, inquieto o incluso físicamente enfermo cuando pasas tiempo con una persona en particular? Si pasa más de una o dos veces, confía en tu instinto y reduce o incluso elimina el tiempo que pasas con ella.

Tienes todo el poder que necesitas para protegerte de vampiros energéticos, viejos traumas, rencores y todo tipo de patrones negativos. Mereces dedicar tu tiempo a personas y actividades que saquen lo mejor de ti. A corto plazo, puede ser más fácil ignorar el mal comportamiento, reprimir los malos sentimientos o tolerar a un vampiro energético, pero a la larga, será mejor que te enfrentes a tus demonios y tomes una posición.

# EPÍLOGO

Una última pregunta: *¿Qué quieren mis seres queridos que yo sepa?*

Creo que poder comunicarme con las almas del otro lado me ha dado un conocimiento claro de lo que es realmente importante. Cuando las personas hacen el tránsito, tienen la oportunidad de revivir toda su vida en un instante. Ven el impacto que tuvieron sobre otras personas, las oportunidades que perdieron, lo bueno, lo malo…; lo ven todo. ¡Hablando con ellos he aprendido mucho! Es casi como si me hubieran dado una chuleta para vivir mi mejor vida en la tierra.

Sé que querrían que compartiera contigo lo que he aprendido de ellos.


## VIVE EN EL FLUJO…

Hay algo en el universo llamado «flujo divino». ¿Qué es? Es un poco como manifestarse con un pequeño empujón, porque estás cocreando tu mejor vida, con la ayuda de tus seres queridos en espíritu. Déjame que te explique…

El cielo te ayudará cuando pueda. Tus ángeles te guiarán hacia personas, lugares y oportunidades, pero no te van a ayudar a hacer trampas.

Aunque soy un médium psíquico, mis ángeles nunca me han dado las soluciones de mi examen de matemáticas del instituto ni los números de la lotería agraciados, ni yo esperaría que lo hicieran ni se lo pediría. Todos estamos aquí para vivir lecciones de vida.

Aprender a alinearse con el cielo mediante pensamientos, acciones, intenciones y expectativas positivos crea un flujo natural que transforma tu vida. Yo lo llamo «flujo divino».

A menudo le digo a la gente algo que les resulta una *gran* sorpresa: tus seres queridos en el otro lado están creando y viviendo las vidas que habrían deseado vivido aquí. Hacen un trabajo inspirador; cosas creativas e increíbles que son inimaginablemente magníficas. La diferencia es que en el cielo no tienen miedos ni dudas ni limitaciones. Siguen el flujo divino. Aquí en la tierra, tratamos de acercarnos lo más posible a eso, pero es difícil. Tenemos muchos obstáculos y preocupaciones físicas que nos impiden perseguir nuestras verdaderas pasiones y nuestros propósitos.

Todos tenemos la capacidad de crear las vidas que deseamos; independientemente de que vivamos en el cielo o en la tierra, es nuestro derecho natural. Imagina nacer con hoja de ruta en tus manos. Bueno, tienes una. ¡El flujo divino!

Hagamos un ejercicio de flujo divino.

## Cuando piensas en el futuro, ¿cómo lo imaginas?

¿Te gustaría casarte o volverte a casar?

¿Tienes en mente divorciarte?

¿Quieres cambiar de profesión o iniciar un negocio?

¿Te imaginas toda la vida que quieres?

¿Quieres mejorar tu salud o recuperar tu peso?

Ahora que has pensado en cómo te gustaría que fuera tu futuro, a continuación, te explico cómo utilizar el flujo divino para hacer realidad tus sueños:

## Actúa como si ya hubiera pasado

Antes de ir a dormir, haz de tu deseo tu mantra. Por ejemplo, si pretendes atraer una relación romántica, concéntrate en la palabra «romance» o en cómo pretendes que sea esa relación. Hazlo durante unos cinco minutos antes de acostarte. Simplemente piénsalo. Cuando programamos nuestro subconsciente, la señal al mundo de los espíritus se vuelve fuerte y clara, incluso aunque no seamos plenamente conscientes de ello. Enfocar tus intenciones antes de ir a dormir ayuda a tu subconsciente y a tu alma a hacer el trabajo interno mientras duermes, acercándote tus frutos cuando estás despierto.

## Pide ayuda a tus antepasados o a tus seres queridos

Una práctica antigua muy común en todo el mundo: pedir ayuda a los antepasados, a los ángeles y a los seres queridos con la sanación, la protección y el consuelo. ¿Y sabes qué? No es tan difícil como crees. Son literalmente una parte de ti, lo que hace que sea fácil acceder a la energía del flujo divino a la que tienen acceso.

## La gratitud lo es todo

Piensa en la gratitud como una cuenta de ahorros cósmica. Cada gracias que das y sientes en tu corazón, ingresa en esta cuenta para infundir poder en tus manifestaciones.

## Tú imparable

El cielo responde a nuestros pensamientos y sentimientos positivos. Cuando estamos vibrando en un lugar positivo, estamos alineados con el flujo divino y nuestra vibración se eleva lo suficiente como para conectar con la poderosa energía de la creación. Cuando estamos en este espacio, estamos alineados con el flujo del universo y nos sentimos imparables.

## Actúa de manera inspirada

Confía en que las corazonadas que recibes, como una voz en tu mente que te dice que te pongas en contacto con alguien, que leas un determinado libro o que viajes a algún lugar, son espíritus que responden desde el cielo a tu petición. Constantemente estamos siendo guiados por nuestros seres queridos, nuestros ángeles y nuestros guías espirituales para seguir la dirección de la pasión y el propósito de nuestra alma.

## Cree en el poder de las imágenes y de la palabra escrita

Compra un diario e indica claramente por escrito qué es lo que deseas crear. ¡Añade imágenes! Por ejemplo, el automóvil, la casa y el cuerpo perfectos, o un sentimiento…, sé muy específico. El cielo sólo responderá a lo que desees. Una vez que seas claro y específico, escribe tu deseo en presente como si ya estuviera pasando. Deja volar tu imaginación con los detalles. Hazlo durante al menos veintiún días y observa cómo se despliega la magia.

La gente a menudo me llama alma vieja, y creo que tengo bastante claro el porqué. Imagina poder conectar con almas del otro lado y aprender de sus experiencias a una edad temprana. Te sorprenderías. No me considero un maestro espiritual, pero cuando pasas años escuchando mensajes del cielo, como es mi caso, empiezas a percibir algunos patrones.

Cuando hables con el cielo, te dirán que hay muchos tipos diferentes de amor que contribuyen a tu crecimiento, tu desarrollo y tu felicidad.

Solía preguntarme por qué las almas que se me manifestaban nunca parecían guardar rencor a nadie, aunque esa persona hubiera sido responsable de su muerte. No tenían remordimientos; estaban seguras de sí mismas; se amaban plenamente a sí mismas…

Además, no parecían molestas si su ser querido estaba con otra persona, siempre que fueran felices. También todas insistían en expresar el amor libremente, afirmando que en vida no pudieron.

Ahora me doy cuenta de que es porque viven en el cielo, pero no tienes que esperar a morir. ¡Puedes experimentar el cielo en la tierra! A continuación, te explico cómo.

## Cuídate a ti mismo con amor, compasión y perdón

Tómate un momento y escucha cómo te hablas a ti mismo, cómo te alimentas, cómo mantienes tu espacio vital y tus hábitos de sueño. ¿Cuáles de tus hábitos y comportamientos no permitirías que tuvieran las personas a las que quieres?

- Hablar con condescendencia o considerando tonto al otro.
- Dejarte la televisión encendida mientras duermes.
- Tener malos pensamientos sobre ti o sobre los demás.
- Comer dulces en lugar de alimentos sanos.
- Quedarte despierto hasta tarde cuando estás cansado.
- Comer productos precocinados delante de la pantalla de un ordenador o de la televisión.

De vez en cuando, todos caemos en estos hábitos. Pero cuando es habitual, probablemente te acabes dando cuenta de que estos comportamientos y estos hábitos te alejan de conseguir aquellas cosas que tanto deseas, como tener un cuerpo que te guste, un trabajo que te satisfaga, una relación que te llene e incluso la disciplina espiritual para poner en práctica todo lo que has aprendido en este libro.

## Pon autoeducarte al principio de la lista

Mira hacia el pasado en tu relación con tus padres o tus hijos e identifica las técnicas de crianza que funcionaron mejor en tu caso. Apuesto a que fue una combinación de ser fuerte y constante en hacer cumplir las reglas, y amable, paciente y comprensivo. Confecciona una lista de reglas y promesas. Si eres nuevo en esto, haz una lista corta y ve añadiendo cosas, y verás el éxito. Haz que sea manejable. Cuando reviso mi infancia, había muchas cosas que no eran negociables que finalmente crearon buenos hábitos.

### *Alinéate con tu propósito*

Recuerda, encontrar tu propósito significa aprender a utilizar tus dones divinos. En el capítulo 9 repaso este proceso; consulta la sección «¿Por qué estoy aquí? ¿Cómo puedo descubrir mi verdadero propósito?».

### *Encuentra tu don o tu talento único*

Si no puedes identificar fácilmente lo que te hace único, mira lo que te gusta. ¿Qué conversaciones o actividades te emocionan más? ¿En qué eres mejor que cualquier otra persona que conozcas? Cuando trabajamos en estos campos en los que destacamos, el tiempo va desapareciendo hasta que nos fundimos por completo con la creación. Piensa en las dificultades y los desafíos por los que has pasado a lo largo de tu vida. ¿Cómo podrías utilizar estas habilidades para ayudar a alguien que está pasando por lo mismo o por algo parecido?

## POR QUÉ NO MORIMOS NUNCA

Si hay algo que tus seres queridos en espíritu quieren que sepas es que cuanto más aprendas sobre el cielo y el más allá, más aprenderás que no es un lugar lejano y, lo que es más importante, que no existe tal cosa como la muerte: se trata sólo de un cambio de mundos.

A pesar de lo doloroso que es perder a un ser querido, sigue estando contigo aquí en la tierra. Te cuida, te guía y, más importante aún, te sigue queriendo con todo su corazón y su alma. Las señales de su presencia espiritual se encuentran a tu alrededor y aparecen de muchas formas diferentes, y las maneras que tiene de comunicarse contigo son infinitas.

Pero hay un secreto, y es el motivo por el cual decidí escribir este libro: tú también puedes comunicarte y mantenerte conectado con tus seres queridos a diario. Comienza reconociendo y sintiendo su presencia espiritual en tu vida y sabiendo que recibirá el mensaje.

Recuerda que el amor es un pegamento divino. Es una conexión profunda que nos mantiene conectados con aquéllos a quienes amamos incluso cuando abandonan este mundo. Lo mejor de esta conexión es que no se puede destruir; sólo se fortalece con el tiempo.

Recuerda siempre que la conversación funciona en las dos direcciones. Del mismo modo que a ti te encanta escuchar a tus seres queridos en espíritu, a ellos también les encanta saber de ti.

Cuando pienses en ellos, háblales o recuerda aquellos momentos que pasasteis juntos. Es como tocar el timbre del cielo y saludar.

Puedes comunicarte con ellos en cualquier momento. No importa dónde estés o lo que estés haciendo, seguro que te escucharán.

Es probable que te estés preguntando cómo es posible. La respuesta es sencilla: no morimos nunca.

# AGRADECIMIENTOS

No me puedo creer que éste sea mi segundo libro publicado con Simon & Schuster y Gallery Books. Literalmente, tengo escalofríos mientras escribo esto. Este libro no hubiera sido posible sin el increíble equipo que ha estado en todo momento a mi lado. Así pues, un profundo agradecimiento para todos vosotros.

Alexa, mi esposa, gracias por el hermoso prólogo y por el amor y la alegría que has traído a mi vida. Me encanta tenerte aquí en este viaje conmigo.

Gracias a mi madre, Angela, mi padre, Roderick y mi hermana, Maria por vuestro amor y consuelo constantes.

A Imal Wagner, mi publicista desde hace mucho tiempo, ¿te puedes creer que comenzamos con esto en 2011? Ahora estamos aquí, tres libros publicados más tarde, con una serie de telerrealidad y apariciones en noticias nacionales en nuestro haber, y todo gracias a ti y tu fe constante en mí. Todo en mi vida y en mi carrera profesional es gracias a ti. No sé cómo agradecértelo.

A Lisa Marie Tucker, mi productora ejecutiva y amiga, te doy las gracias por animarme siempre y por tu fe constante y tu confianza en mí.

A Ricardo Couto, mi actual director de gira, muchas gracias por recorrer literalmente todo el país de gira conmigo. Gracias por ser un solucionador de problemas y un canguro, y por todas las risas que nos hemos pegado juntos durante este increíble viaje.

A Seth Shomes, mi agente de gira, gracias por llevarme a tantas ciudades y a tantos lugares increíbles. Siempre disfruto de nuestras conversaciones telefónicas y de tu increíble sentido del humor. Siempre me estás animando.

A Dominic Joseph, mi asistente de producción y ahora productor de la gira, gracias por hacer que cada *show* sea tan espectacular.

A Sherry Ferdinandi, mi directora financiera y mi gerente, ¡gracias por gestionarlo todo! Gracias a ti, puedo centrarme en el trabajo y en la misión de mi vida, y no tener que preocuparme por los negocios del día a día. Gracias por luchar constantemente por mí y por mis mejores intereses.

A Alice y Patrick, mis directores de *marketing*, ¡gracias por coger mis pensamientos y mis visiones y transformarlos en arte!

A mi editor ejecutivo, Jeremie Ruby-Strauss, ¡no puedo creer que estemos juntos en nuestro segundo libro! ¡Hace mucho tiempo que quería escribir este libro! Gracias por creer en mí y hacer realidad este sueño. Gracias a ti he podido publicar mis libros con Simon & Schuster y siempre te estaré agradecido por esta increíble oportunidad. Te lo debo todo.

Molly Gregory, muchas gracias por gestionar llamadas, coordinar equipos y mantener a todo el mundo en comunicación constante. Todo lo que has hecho, ha permitido que todo esto pasara tan rápido.

Caroline Pallotta, ¡muchas gracias por tenerme al día con el calendario de este libro! A pesar de que gran parte de tu trabajo se ha desarrollado entre bastidores, sé lo mucho que has trabajado para asegurarte de que todo terminara dentro de los plazos establecidos. Eres el mundo para mí.

Sarah Wright, gracias a Dios te tuve a mi lado para revisar y corregir todos mis muchos errores. ¡No tengo idea de cómo aprobé inglés! ¡Gracias a ti, nadie sabrá nunca cuán mala es mi gramática, mi ortografía y mi puntuación! Ojalá podamos mantener este secreto bien guardado.

Jennifer Robinson, siempre recordaré el tiempo que pasamos juntos en nuestra gira de prensa en la ciudad de Nueva York y nuestras muchas conversaciones en las paradas de la gira. Después de estar en directo con Jenny McCarthy y de conseguir desesperadamente copias del libro para entregárselas a los miembros de la audiencia en *The Doctors* ANTES de que se imprimiera, te has convertido en una MVP y estoy muy agradecido por lo duro que trabajas. Gracias por ser mi publicista literaria.

Mackenzie Hickey, mi especialista en *marketing:* ¡gracias por asegurarte de que mis libros lleguen a los estantes de todas las librerías! Cuando paso por las librerías y veo mi libro en el escaparate, siempre pienso en ti.

John Vairo y Lisa Litwack, mis directores creativos: ¡no puedo comenzar diciéndoos lo obsesionado que estoy con la portada de este libro! Es preciosa, diferente y única. John, ¡me encanta tu actitud positiva y tu visión! ¡Eres un genio creativo!

Jen Bergstrom, gracias por ayudarme a poner este libro en manos de personas de duelo en todo el mundo. Estos mensajes son muy importantes y sé que este libro ayudará a muchas personas que están apenadas por la pérdida de un ser querido. Estoy muy agradecido de tenerte como mi editora.

Aimee Bell, gracias por compartir esta visión de mi libro y por toda tu ayuda entre bastidores. No puedo esperar a que la gente empiece a leer aquello en lo que tanto nos hemos esforzado.

Jen Long, nunca olvidaré cuando te conocí en la sede de Simon & Schuster en Nueva York y lo genuinamente emocionada que estabas por comenzar este proyecto. Gracias por los deliciosos tentempiés, el café y las conversaciones en los pasillos. Estoy muy emocionado de continuar trabajando contigo como editora adjunta.

Sally Marvin, ¡gracias por toda tu ayuda haciendo correr la voz! Estoy muy agradecido de tenerte como mi directora de *marketing* y publicidad para este libro.

A todos mis amigos, a mi familia y a todo el equipo de Simon & Schuster, estoy realmente agradecido con todos vosotros. Doy gracias todos los días por teneros a mi lado.

# ÍNDICE